한권으로 끝내는

챗(Chat)GPT 인사이트 가이드북

bookk

단! 한권으로 챗(Chat)GPT 숨은 인사이트를 훔쳐보다!

[챗(Chat)GPT] 2023년 최대의 화두! 혁명이 시작됩니다.

사용하는 자와 **사용하지 않는 자** 어디에 줄을 서시겠습니까?

"한순간의 선택이 당신의 인생을 좌우합니다."

한권으로 끝내는 챗(Chat)GPT 인사이트 가이드북

목차

한권으로 끝내는 챗(Chat)GPT 인사이트 가이드북

프롤로그

프롤로그

최근 챗(Chat)GPT에 대한 이야기가 2023년에 많이 나오고
있습니다. 꾸준히 화제되고 있으며 많은 사람들의 관심을 한 몸에
받고 있습니다. 또한 챗(Chat)GPT 3.5버전에서 챗(Chat)GPT 4
버전이 출시가 되었습니다. 계속 진화하고 발전하는 챗(Chat)GPT
가 되어가고 있습니다.

저자 또한 IT업계에서 많은 경험을 쌓으면서 **인터넷 세상, 모바일
세상, 클라우드 세상, 데이터 세상**을 경험하였습니다. 그런 와중에
관심이 많은 챗(Chat)GPT (인공지능 AI) 영역에 자료를 찾아보고
실제로 고민을 해보고 업무영역까지 적용을 어떻게 하면 해볼 수
있을까? 라는 생각도 하였습니다. 그리고 실제 챗(Chat)GPT 를
활용하여 업무에 적용도 해보았습니다.

함께 일하는 사람들과 사용경험에 대한 내용도 공유하며 어느 순간
챗(Chat)GPT 전도사가 되어가고 있었습니다. 챗(Chat)GPT

관련한 지식들과 내용들을 혼자 알기엔 너무 아까워서 함께 공유하고자 책을 만들게 되었습니다.

"한권으로 끝내는 챗(Chat)GPT 인사이트 가이드북"은 ChatGPT 입문자 용입니다.

챗(Chat)GPT를 처음 접하는 사람들에게 도대체 챗(Chat)GPT가 무엇인지?

어떻게 사용하면 좋은지? 어느 분야에 적용이 되는지?

남들보다 더 잘 사용하기 위해 어떻게 해야 하는지?

우리 미래는 어떻게 될 것 같은지? 에 대한 내용을 하나 하나 다루어 봤습니다.

한번 차근차근 내용을 따라 가다 보면 전체적인 맥락은 이해가 될 것이라 생각이 듭니다. 주변에서 **"너, 챗(Chat)GPT 알아?, 챗(Chat)GPT 써봤어?"** 라는 이야기가 나올 때 자신있게 **"나 챗(Chat)GPT 알지 그럼!"** 이라고 말하면서 대화를 할 수 있는 상황을 만들어 줄 것 입니다.

또한 자신이 하고 있는 업무나 일에서 책을 통해서 적용하거나 더 좋은 사업구상이 떠오를 수 있는 인사이트를 이 책이 제공해 줄지도 모릅니다.

저자가 추구하는 바는 배운다는 느낌보다는 챗(Chat)GPT를 처음 접하는 독자가 인터넷, 모바일 등을 통해 챗(Chat)GPT에 한 문장이라도 작성을 하여 실행을 해봤다면 저의 **목적은 달성** 했다고 생각합니다.

이 신비한 챗(Chat)GPT를 접한 독자는 거기서 멈추지 않을 것이라 생각합니다.

세상이 빠르게 돌아가고 신비한 일들이 많고 미래 공상과학 영화에서나 보았던 일들이 앞으로 펼쳐질 것이라 생각하며 상상의 날개를 펼치게 될 것입니다.

한번 도전해보세요!

챗(Chat)GPT를 활용해서 실 생활에 적용해보세요!

당신의 삶이 분명 바뀔 것입니다.

한권으로 끝내는 챗(Chat)GPT 인사이트 가이드북

1. 챗(Chat)GPT 란?

2023 년 키워드, 말말말
챗(Chat)GPT 혁명

1. 챗(Chat)GPT 란?

OpenAI에서 개발한 인공지능 언어 모델이 **챗(Chat)GPT** 입니다.

챗(Chat)GPT는 대규모 데이터셋을 학습하여 자연어 처리에 필요한 다양한 작업들을 수행할 수 있는 인공지능 언어 모델입니다.

사용자가 입력한 텍스트를 분석하여 자연스러운 대화를 생성하고, 정보를 추론하며, 새로운 정보를 학습하여 점차적으로 발전하며 학습합니다.

챗(Chat)GPT는 질문에 대한 답변, 텍스트 생성, 요약, 번역, 감정 분석 등 다양한 분야에서 활용될 수 있습니다.

최근에는 한국어, 일본어, 중국어 등의 언어 모델도 출시되어 다양한 언어에 대해서도 적용 가능합니다.

챗(Chat)GPT의 성능은 기존의 자연어 처리 모델과 비교하여 큰 발전을 이루었습니다.

하지만, 챗(Chat)GPT는 여전히 인간의 언어 이해 능력에는 미치지 못합니다. 따라서, 모델의 한계와 오류를 정확히 인식하고 적절한 조치를 취해야 합니다.

또한, 인공지능의 발전에 따라 개인정보 보호와 같은 문제들도 고려되어야 합니다.

이러한 챗(Chat)GPT의 기업가치가 38조원에 이르렀다는 보도가 나왔습니다.

회원가입도 급증해서 틱톡의 기록을 깼다고 합니다.
챗(Chat)GPT로 ESG보고서도 작성하는 날이 멀지 않았다면서 전문가들의 견해를 모았습니다.

다양한 분야에서 활용될 수 있는 대화형 인공지능 모델이며 챗(Chat)GPT 3.5버전, 4버전 계속 버전 업을 하면서 모델을 강화할 것입니다.

그러면 우리 인간은 많은 일자리의 변화가 생길 것이며 어떻게 하면 챗(Chat)GPT 와 같은 인공지능과 함께 공존을 할 수 있을 것인가에 고민을 시작해봐야 할 시기가 온 것 같습니다.

2023년 화두로 떠오른 대화형인공지능

전세계가 놀랬다. (반응이 너무 폭발적이네요. 너무너무 신기하네요. 생산성이 정말 대단해요.)

2023년 키워드, 말말말

〈핫 키워드〉

마이크로 소프트 12조 투자

챗(Chat)GPT 출시 구글 비상

챗(Chat)GPT 기업가치 36조 이상

챗(Chat)GPT로 인력대체

〈핫 말말말〉

머스크 "챗(Chat)GPT 인류 문명에 가장 강력한 도전될 것"

빌 게이츠 "챗(Chat)GPT 같은 AI가 세상 바꿀 것... 가장 중요한 혁신"

윤석열 대통령 "행정안전부 장관에게 챗(Chat)GPT 연구해 공무원들 잘 활용하게 해달라"

이제는 챗(Chat)GPT를 모르는 사람이면 시대에 뒤처지는 사람이 되어버렸습니다.

전 세계적으로 챗(Chat)GPT에 대한 관심이 높아지고 있는 가운데 국내 지자체와 교육기관들 사이에서 챗(Chat)GPT 공부 열풍이 불고 있습니다.

챗(Chat)GPT와 같은 대화형·생성형 인공지능(AI)을 행정, 교육에 도입하기 위한 준비를 시작 하고 있습니다.

교육분야, 연구분야, 사회과학분야 에서도 많은 관심을 갖고 활용을 하고 있으며 챗(Chat)GPT를 통해 인사이트를 발굴한다거나 회사와 같은 조직에서도 다양한 활용연구가 진행되고 있습니다.

챗(Chat)GPT 혁명

인터넷 혁명

⬇

모바일 혁명

⬇

챗(Chat)GPT 혁명

챗(Chat)GPT가 연일 화제입니다. 챗(Chat)GPT는 대화형 인공지능이라 불리우기도 하고, 생성형 인공지능이라 불리우기도 합니다. 또한 챗(Chat)GPT는 3000억 단어, 5조개의 문서를 사전학습 한 LLM(거대언어모델) 입니다.

단순 검색기능을 넘어 최근 미국에선 MBA(경영학 석사) 시험, 의사면허시험에서도 우수한 성적을 기록했다고 합니다.

(챗(Chat)GPT 3.5 버젼)

챗(Chat)GPT 4 버전이 출시되면서 변호사 시험 · 생물 올림피아드에서 챗(Chat)GPT 3.5 버젼 보다 높은 점수 기록을 하였다고 오픈AI에서 발표 하였습니다.

과학계에서도 챗(Chat)GPT 이슈는 매우 뜨겁습니다.

팩트 체크 등 확인해야 할 사항들은 존재하지만 보고서, 논문 등 작업을 진행할 때 활용해도 크게 문제는 없다는 반응입니다.

많은 연구가들과 교육분야 전문가들도 최대한 활용을 하는 것에 대해서는 모두 긍정적인 반응을 보이고 있습니다.

챗(Chat)GPT는 빙산의 일각일 수 있습니다. 대화형인공지능, 생성형인공지능이 할 수 있는 일은 무궁무진하기 때문입니다. 먼 미래에 인공지능 발전에 시작이 되는 시작점이 될 것입니다.

한권으로 끝내는 챗(Chat)GPT 인사이트 가이드북

2. 챗(Chat)GPT 어떤 사용자들이 있을까?

2. 챗(Chat)GPT 어떤 사용자들이 있을까?

챗(Chat)GPT를 사용하는 사용자들에 대한 분류를 한번 해보면 좋겠다는 생각을 했습니다. 과연 사용하는 사람들이 어떻게 사용을 하고 어떻게 분류가 되는지 너무 궁금하였습니다. 아주 단순하게 분류를 해보고 단순하게 분류한 내용에서 좀 더 자세하게 나누어 보면 좋겠다는 생각을 하였습니다.

단순분류 3단계로 나눌 수 있습니다.

1단계 : 챗(Chat)GPT를 아는사람, 모르는 사람

2단계 : 챗(Chat)GPT를 사용해본 사람

3단계 : 챗(Chat)GPT를 활용해 수익화하는 사람

단순분류 3단계

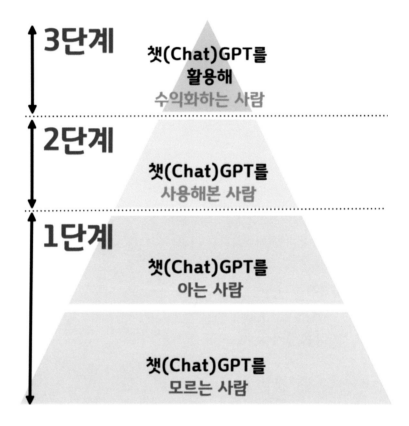

3단계 챗(Chat)GPT를 **활용해** 수익화하는 사람

2단계 챗(Chat)GPT를 사용해본 사람

1단계 챗(Chat)GPT를 아는 사람

챗(Chat)GPT를 모르는 사람

단순분류 3단계의 기준은 사용성 농도와 관련이 있습니다.
챗(Chat)GPT를 모르는 사람, 알지만 사용을 안 해본 사람은
모르는 사람과 동일하게 분류를 하였습니다.

사용을 해본 사람과 사용을 안 해본 사람은 챗(Chat)GPT
이해도의 차이, 경험의 차이가 확연하게 나타나기 때문입니다.

사용을 해본 사람이 단순 재미와 또는 이유 없는 검색으로
챗(Chat)GPT를 경험을 하는 동안 마지막 3단계의 사람은
챗(Chat)GPT 를 활용하여 결과물을 만들고 있을 것 입니다.

결과물의 기준은 사람마다 다르겠지만 예를 들어 챗(Chat)GPT를
활용해 블로그를 생산한다던지, 유튜브를 생산한다던지, 실제 글을
만드는 작업으로 이어진다던지 많은 부분에서 생산적인 일을 하고
또한 교육모델로, 영업모델로, 상품모델로 수익화를 만들어 가는
상위 1% 사람들이 존재하고 있습니다.

이와 관련된 책도 많이 만들어져 출판이 되고 있으며 기존에
유튜브 수익화, 블로그 수익화 등에서 챗(Chat)GPT 수익화 방법에
대한 책도 나오고 있습니다.

향후에는 챗(Chat)GPT 생산성이 현재보다 발전하고 보편화가 될
것이며 파생되는 서비스들이 다양하게 세상에 나오게 될 것 입니다.

지금은 시작 단계이며 제한적인 방법으로 모두 한 곳만 바라보고

"와! 글을 대단히 잘쓰네", "와! 1초만에 동화를 써내는거봐" 등 글을 창작해 내는 부분에 많은 사람들이 "챗(Chat)GPT 대단해!"라고 생각하고 있습니다.

하지만 머리가 정말 빠른 사람들, 각 분야에서 ChatGPT를 어떻게 하면 활용하고 실제적으로 업무 또는 나의 사업에 어떻게 적용을 할지 고민하고 또 고민을 하고 있을 것입니다. 최근 챗(Chat) GPT에 음성 모듈(크롬확장프로그램)을 연동해서 음성으로 챗(Chat)GPT에게 대화를 하고 외국어 스피킹 연습하는 사례도 나오고 있습니다.

챗(Chat)GPT는 한글보다 영어로 된 사전학습 데이터가 더 많고 자연스럽게 때문에 오히려 챗(Chat)GPT에게 목소리를 통해 영어로 질문을 하고 또는 자연스러운 생활 영어로 대화를 시작하면 챗(Chat)GPT가 대화에서 이어지는 질문에 해당하는 답을 영어로 답해 줍니다.

지금 당장 종로, 여의도, 강남 어학원에 영어회화를 비싼 값으로 몇 달간 결제하고 다닐 이유가 사라지게 되었다고 생각을 할 수도 있습니다.

챗(Chat)GPT가 내어놓은 대답이 영어라서 잘 해석이 안 될 경우 "챗(Chat)GPT 답변의 내용을 한글로 번역해줘!" 라고 다시 번역을 요청 할 수 있습니다.

나의 영어 선생님이 유명한 어학원의 선생님, 해외에서 오신 외국인이 아니라 인공지능이 될 수도 있겠다는 생각이 드는 지점입니다.

나의 영어선생님 = 챗(Chat)GPT (인공지능 AI)

챗(Chat)GPT를 활용하여 외국어교육에 대한 커리큘럼을 만들고 사업화하여 교육에서 수익화하는 모델이 만들어지고 보이지 않는 곳에서 챗(Chat)GPT를 활용한 제2의, 제3의 교육방안들이 지속적으로 만들어 지고 있을 것입니다. 현재 관련하여 동영상들이 유튜브, EBS 등 만들어져서 업로드가 되고 있으며 외국어 교육부분에서도 활발히 챗(Chat)GPT 를 활용하는 사용자, 교육자들이 존재하고 있습니다. 이 모든 것이 가능한 세상이 되었습니다. 내가 일하는 분야에는 상관 없겠지? 라는 생각보다 내가 잘하는 분야에 어떻게 접목해 볼까? 라는 생각이 필요합니다.

형태분류 4단계

단순분류 3단계를 좀 더 크게 나누어 보자면 챗(Chat)GPT를
사용해본 사람과 사용하지 못 해본 사람으로 구분이 됩니다.
그러면 사용해본 사람에 대한 부분에서 좀 더 구체적으로 분류가
되어야 하지 않을까 생각이 들었습니다. 단순히 의미없게 사용을
해본 사람, 의미있게 사용을 해본 사람으로 분류 할 것이 아니라
좀 더 다양하게 접근을 해보면 좋을 것 같다고 생각하였습니다.

그래서 나온 것이 형태분류 4단계입니다. 자! **형태분류 4단계로**
분류 해볼까요?

형태분류 4단계에서는 기본적으로 챗(Chat)GPT의 작동 구조를
이해하면서 사용하는지? 실제 업무에 적용하여 생산성을 올리고
있는지? 에 대한 구분으로 작동구조 이해도의 높고 낮음, 생산성
향상의 높고 낮음 4가지 부분으로 분류작업을 진행하였습니다.

단순분류 3단계 중 1단계를 제외하고 2단계, 3단계를 좀 더
세분화하여 분류를 하였다고 생각하면 됩니다. 기본 조건은

챗(Chat)GPT를 한번이라도 사용을 해본 사람이 기본
전제조건입니다.

〈형태분류 4단계〉

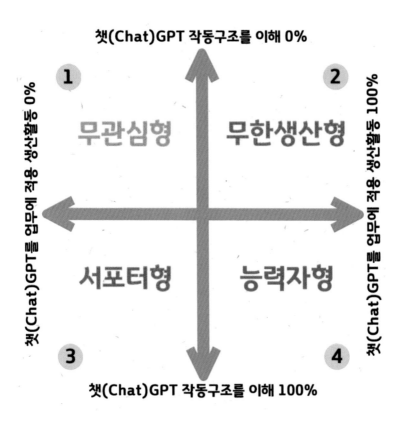

위와 같이 챗(Chat)GPT 사용자 관점에서 **형태 분류 4단계**로 나누어 볼 수 있습니다.

1단계 분류 무관심형 : 무관심형은 챗(Chat)GPT의 작동 구조를 이해하지 못하며 챗(Chat)GPT를 업무에 적용하여 생산활동을 하지 않는 형태입니다. 단순한 질문을 하거나 궁금한 점이 있을 때 문의를 하는 정도가 여기에 해당합니다. 재미로 또는 의미 없거나 고의적인 이상한 질문을 던지기도 합니다.

2단계 분류 무한생산형 : 무한생산형은 챗(Chat)GPT의 작동 구조를 이해하지 못하지만 챗(Chat)GPT를 업무에 적용하여 생산활동을 하는 형태입니다. 단순히 널리 알려진 챗(Chat)GPT의 글짓기 능력이 있는 것을 알고 동화나 소설 같은 글짓기를 만들어 본다거나 기사의 본문을 작성해 준다거나 연설문을 만들어 준다거나 끊임없는 창조적인 부분으로 글을 생산해 낼 수 있습니다.

3단계 분류 서포터형 : 서포터형은 챗(Chat)GPT의 작동 구조를 이해하지만 챗(Chat)GPT를 업무에 적용하여 생산활동을 하지 않는 형태입니다. 실질적인 생산활동을 하지는 않지만 간접적으로 지원을 받습니다. 광고 카피라이터, 보고서 요약, 기업분석 활용 등 아이디어 발굴을 하기 위해서나 보고서를 쓰기 위해 자료 준비를 도와주는 형태로 사용합니다. 업무에 간접적으로 도움을 주는 형태이지만 적절히 활용을 하는 상태입니다.

4단계 분류 능력자형 : 능력자형은 챗(Chat)GPT의 작동 구조를 이해하고 챗(Chat)GPT를 업무에 적용하여 생산활동을 하는 형태입니다. 유튜브 컨텐츠를 자동으로 생산한다거나 블로그를 자동으로 생산한다거나 자동 코딩을 통해 업무 자동화를 만들고 챗(Chat)GPT API 활용을 통해 실제 기술 개발까지 이어지는 경우 입니다.

이미 많은 사람들 중에 눈치 빠른 사람들은 이런 모델을 바탕으로 수익화 모델을 만들고 있습니다. 또한 관련 프로젝트를 이미 진행하고 있고 조만간 프로젝트 오픈(Open)을 조용히 준비하는 단계일지도 모릅니다. 세상은 누가 먼저 만들어 내느냐, 누가 먼저 선점을 하느냐에 싸움으로 바뀌어 가고 있습니다. 세상이 변화하는 속도에 빠르게 발 맞추어 나아가야 합니다. 그래야지만 주변사람들 보다 뒤쳐지는 사람이 되지 않을 수 있습니다.

여러분은 이런 이야기를 듣고도 **"그냥 나와는 관계없는 일이야~"**라고 무시하고 넘어가실 것인가요?

단순분류 3단계 중 나는 어디에 속해 있을까요? _____

형태분류 4단계 중 나는 어디에 속해 있을까요? _____

과연 현재 본인은 어느 분류에 사람이 되고 싶으신가요?

한번쯤 곰곰히 생각을 해보면 좋을 것 같습니다. 그리고 몸소 실행을 한번 해봤으면 합니다. 지금 당장이라도 노트북, 컴퓨터, 핸드폰이라도 켜서 OpenAI 사이트에 접속하고 회원 가입을 한 뒤 챗(Chat)GPT에게 한번 물어 보는 것입니다.

궁금하지 않나요? 챗(Chat)GPT에게 내가 물어보는 첫 질문이 무엇이 될 것인가?

한권으로 끝내는 챗(Chat)GPT 인사이트 가이드북

3. 챗(Chat)GPT
패러다임의 변화

개인 생산성의 비약적 증가
콘텐츠 제작 패러다임의 변화

3. 챗(Chat)GPT 패러다임의 변화

대규모 언어 모델(Large Language Models)이 챗(Chat)GPT의 등장으로 급 부상하면서 인간과 컴퓨터 기계가 상호 작용하는 방식을 하루 하루 혁신해 나가는 가운데 지구촌의 화두는 대화형 인공지능에 집중 되고 있습니다.

〈 챗(Chat)GPT 대표적인 경쟁사 〉

마이크로소프트가 자사의 검색 엔진 빙(Bing)에 인공지능(AI) 챗봇 챗(Chat)GPT의 기반 언어모델을 장착했다고 발표 하였습니다. 구글은 이에 대응하여 대화형 AI 서비스 '바드(Bard)'를 공개 하겠다고 발표 하였습니다. 현재 전 세계 검색 시장 1위는 점유율 90%대인 구글 입니다. 마이크로소프트의 빙은 현재 2위 입니다. 그런데 AI 기능이 검색 서비스의 '게임 체인저'가 될 가능성이 커지면서 시장의 현재 순위가 언제 어떻게 변화가 일어날 것인지 아무도 모르는 상황이 되어버렸습니다.

또한 메타의 LLM(대형언어모델)은 텍스트 생성, 대화, 서면 자료 요약, 수학 정리 풀이 또는 단백질 구조 예측과 같은 복잡한 작업에서 많은 가능성을 보여 왔으며, 메타는 이러한 개방형 연구 모델에 전념하고 있고 새로운 이 모델을 AI 연구 커뮤니티에 제공할 것이라고 언급 하였습니다.

현재 너도 나도 이야기 하는 이슈의 중심인 대규모 언어모델, 대화형 인공지능, 생성형 인공지능 이란 도화선에 불을 붙인 것은 **챗(Chat)GPT** 입니다. 챗(Chat)GPT가 앞으로 산업혁명과 같은 패러다임 변화의 매개체가 되기 위해서는 단순한 호기심을 넘어서 사람들의 필요와 업무에 있어 반드시 실질적인 도움으로 이어질 수 있어야 합니다.

그 동안 챗(Chat)GPT는 수많은 사람들의 다양한 테스트를
지속적으로 이어가며 사람들에게 가능성을 보여주고 있습니다.
사람들이 챗(Chat)GPT가 세상에 나왔을 때 가장 크게 놀란
부분은 사람처럼 대화를 한다는 것 이였습니다. 이전 모델처럼
로봇이랑 이야기 하는 느낌이겠거니 또는 정해져 있는 질문과 답
형태의 내용으로 결과를 내어 놓겠거니 하는 생각을 하고 있었을
것입니다.

챗(Chat)GPT는 광범위하고 방대한 데이터를 기반으로 사전학습을
통해 언어모델을 습득하고 이를 기반으로 다양한 질의응답
태스크에 대한 전이학습을 통해 질문에 대한 답변이 자동 생성되게
하는 원리로 이루어져 있습니다.

기존에도 생성형 챗봇에 대한 시도는 있었으나 생성되는 답변의
품질, 개인정보보호, 편향성 등의 이슈로 일반 대중에게 크게
확산되지는 못하였습니다.

지금의 챗(Chat)GPT 도 할루시네이션과 같이 잘못된 대답 또는
완벽하지 않은 대답을 주는 경우도 존재 합니다. 하지만 많은

부분에서 비약적인 발전이 있었으며 많은 데이터를 기반으로
성장한 모델이 되었습니다. 챗(Chat)GPT로 인한 패러다임의
변화에는 어떤 것 들이 있을까요?

제가 생각하는 두 가지가 제일 크게 다가오는 패러다임의 변화라고
생각합니다.

개인 생산성의 비약적 증가

챗(Chat)GPT의 핵심적인 특징은 프로그래밍 언어로 인공지능에게
명령을 내리는 것이 아니라 인간의 언어로 자연어를 사용해서
인공지능에게 일을 시킬 수 있다는 것이 혁신적인 부분이라고
생각합니다. 0101이 아닌 사람의 언어를 사용할 수 있다는
혁신적인 부분입니다.

과거에는 해보고 싶은 내용을 생각한 다음 구현으로 이어지기
어려운 부분이 존재 하였다면 지금은 아이디어가 존재하고 어떻게
구상을 해야 하겠다는 생각이 있다면 구현까지 해볼 수 있는
상황이 되었다는 뜻입니다.

아이디어를 통해 구현의 난이도가 낮아졌다는 뜻입니다.
다시말해서 개인의 생산성이 비약적으로 상승할 수 있다는 말과
동일 합니다.

**글짓기, 보고서 작성하기, 이메일 작성하기, 영문 번역하기, 글
요약하기, 기사 만들기 등** 기존에 생산해내는 속도와 비교가 안될
만큼 생산속도가 빨라졌습니다. 내가 원하는 질문의 형태를 만들고
내가 원하는 결과(대답)의 형태를 만들어서 챗(Chat)GPT에게
질문을 해보시기 바랍니다. 결과는 예측 되실 것입니다.

단 몇 초 만에 말입니다.

콘텐츠 제작 패러다임의 변화

오픈AI 사의 또 다른 생성형 인공지능이 존재합니다.
챗(Chat)GPT가 세상에 나와서 화두가 될 때 동일하게 언급이
되었던 "DALL·E 2"입니다. "DALL·E 2"를 활용하면 이미지도
순식간에 생산해 낼 수 있습니다.

챗(Chat)GPT로 글을 순식간에 만드는 것과 같이 이미지도

순식간에 생산해 냅니다. 하나도 아닌 여러 개의 이미지를 만들어 결과로 보여줍니다. 내가 원하는 형태를 주문하고 마음에 들지 않으면 다시 만들어 달라고 요청 할 수 있습니다. 무제한으로 이미지를 생성할 수는 없습니다. 요청 건수에 대한 약간의 제약 조건이 존재 하기는 합니다.

챗(Chat)GPT가 작성한 시나리오에 "DALL·E 2"의 이미지를 붙이면 동화책 한 권은 금방 만들어 낼 수 있습니다. 실제로 1시간 내에 ChatGPT와 DALL·E 2를 활용한 동화책 만들기 유튜브 내용도 존재 합니다. 또한 챗(Chat)GPT가 만들어낸 유튜브 시나리오와 "DALL·E 2"가 만들어낸 이미지를 조합하면 유튜브 콘텐츠가 뚝딱 만들어질 수 있습니다.

앞으로 2년 뒤면 콘텐츠의 90%는 생성형 AI가 제작할 것이라는 예측이 나올 수 밖에 없는 상황입니다. 인공지능 AI를 활용한 제작 방식이 보편화되면서 콘텐츠를 제작하는데 필요한 역량도 재정의 될 것입니다. 기존에 콘텐츠 제작의 핵심적인 과정으로 여겨졌던 글쓰기, 스크립트, 스케치 등은 인공지능이 대체하고 인공지능 AI가 순식간에 완성해 낸 결과물을 보완, 수정하는 편집 능력이 중요해질지도 모릅니다.

한권으로 끝내는 챗(Chat)GPT 인사이트 가이드북

4. 챗(Chat)GPT
상위 1% 사용자
사용법

4. 챗(Chat)GPT 상위 1% 사용자 사용법

챗(Chat)GPT에게 어떠한 단어로 검색을 하느냐, 어떠한 순서로
단어를 배열해서 검색 하느냐에 따라서 챗(Chat)GPT 결과물 또는
대답은 하늘과 땅 차이가 될 것입니다. 특정 단어가 있는지
없는지에 따라 결과 값은 달라질 수 있습니다. 이를 명령 프롬프트
전달 방식이라고 합니다.

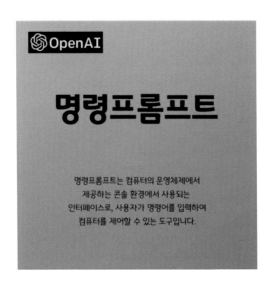

명령프롬프트

일반인도 쉽게 이해 할 수 있도록 설명을 하자면 명령프롬프트는 사용자가 챗(Chat)GPT에게 사람의 언어로 명령을 내리는 것을 말합니다.

기존에는 컴퓨터를 일을 시키기 위해서는 0101이라는 컴퓨터가 이해할 수 있는 언어로 프로그래밍을 하거나 명령을 내릴 수 있게 프로그램으로 로직을 만들어야 했습니다.

그러나 챗(Chat)GPT가 세상에 나오는 순간 **컴퓨터의 언어로 컴퓨터에 명령을 내리는 것이 아니라 사람의 언어로 컴퓨터에 명령을 내리는 순간**이 오게 된 것입니다.

챗(Chat)GPT는 사람이 컴퓨터에게 대화로 명령을 내리면 그 내용을 번역해서 컴퓨터에게 답을 구하고 다시 사람이 이해할 수 있는 말로 번역을 해주는 번역가 역할을 하고 있는 것입니다.

챗(Chat)GPT = 번역가

IT업계에 오래 있던 저자는 인공지능 AI에게 질문을 어떤 방식으로 전달해야 하는지, 컴퓨터가 좀 더 이해하기 쉽도록 하는 방법이 무엇인지 알고 있습니다. 다수의 검색엔진 프로젝트와 자연어처리, 형태소 분석 같은 기법을 이미 알고 있기 때문입니다. 그러나 일반 사용자 분들은 띄어쓰기 하나, 단어 앞과 뒤가 바뀔 때의 차이점, 유사어, 동의어 에 대한 로직 등 어떻게 인공지능에게 물어봐야 할지 잘 모를 수도 있습니다.

"아버지가방에들어가신다"

이 문장은 매우 유명한 문장입니다. 챗(Chat)GPT에게 명령 프롬프트를 전달 할 경우에는 구체적으로 내용을 전달해야 합니다. 단어 하나 하나에 의미를 두고 컴퓨터(인공지능)이 명확하게 이해할 수 있도록 단어를 전달해야 합니다.

또 하나의 상위 1% 사용자들이 사용하는 방법은 **모델을 스스로 학습**하게 만들어야 합니다.

챗(Chat)GPT 는 대화형 인공지능 AI 입니다. 대화형 인공지능이기 때문에 질문하는 내용에만 집중하지 않습니다. 질문의 내용을 보는 것이 아니라 대화를 하기 때문에 대화하는 문맥의 내용을 이해하고 그 내용을 바탕으로 질문에 대한 답을 내어 놓습니다. 따라서 처음 대화를 시작할 때 제일 큰 카테고리 먼저 물어봅니다. 큰 주제를 먼저 던져주고 점차 작은 주제로 대화를 이어나갑니다.

예를 들어 사용자들의 기업분석을 분석하기 위해 질문을 하고 싶다면 기업분석에 대한 이야기를 예를 들어서 계속 질문을 하는 것입니다. 물론 역할을 지정을 해주고 기업분석이란 어떤 내용들이고 어떠한 결과를 받고 싶은지 등 많은 질문을 해나가야 합니다.

쉽게 이야기 하면 스무고개 하듯이 너는 기업분석을 하는 기업분석가야, 기업분석에 대한 정의를 알려줘? 라고 물음을 시작할 수 있습니다. 그러면 챗(Chat)GPT 는 질문하는 사람이 기업분석 카테고리에서 질문을 하기 시작했구나 라고 인식을 하며 해당 데이터 카테고리로 이동을 할지도 모릅니다. 그리고 그 단계를 점점 좁혀 가는 것이 방법입니다.

〈추가질문〉

"특정 기업에 매출에 주를 이루는 솔루션을 아는 데로 설명해줘."

"해당 기업에 경쟁사들에 대해 리스트를 뽑아줘."

"특정 기업과 특정 경쟁기업의 솔루션을 비교 분석 해줘."

이렇게 예열을 하면서 빌드업 과정을 거치고 원하는 질문을 상세하게 구체적으로 하고 원하는 결과의 형태를 상세하게 구체적으로 하였을 때 챗(Chat)GPT는 일반적인 대답과 달리 구체적으로 결과 값을 만들어 제공해 줍니다.

위와 같이 관련 기업의 업계를 이해하고 해당 기업의 세부적인 내용을 알아가고 해당기업의 매출구조와 잘 판매되는 솔루션, 해당 기업의 경쟁사 등 구체적인 정보들을 챗(Chat)GPT를 통해 손쉽게 몇 초도 안 걸려서 얻을 수 있습니다.

보고서작성

챗(Chat)GPT를 사용함으로써 얻을 수 있는 가장 중요한 이점 중 하나는 **보고서와 강의 자료 작성**을 지원하는 능력이라고 할 수 있습니다. 어느 순간부터 아이디어가 막막할 때 영감을 얻기 위해 챗(Chat)GPT로 눈을 돌리게 됩니다. 보고서를 작성하는 요령 중에는 만들려고 하는 보고서의 형태와 누구한테 보고해야 하는지 보고서의 내용은 어떻게 구성하면 좋은지 등을 구상하여 구체적으로 챗(Chat)GPT에게 물어봐야 합니다.

우선 보고서의 목차를 만들어 달라고 요청을 하면 너무 멋진 보고서 목차를 순식간에 만들어 냅니다. 또한 서론, 본론, 결론의 형태로 문단에 맞춰서 중간에 작은 타이틀을 작성해서 표의 형태, 문단나누기, 마크다운 등 구체적인 결과를 보여달라고 요청하면 기존에 제공 받던 형태의 결과물 보다 훨씬 퀄리티 있는 내용의 결과물을 얻을 수 있습니다.

또는 질문만 하지 말고 반대로 질문을 받아보는 것도 방법입니다. 보고서를 작성을 할 때 전체적인 방향성과 구조를 잡기 전에 만약

너라면 어떤 식으로 보고서를 작성할 것 같은 지와 같은 내용으로 챗(Chat)GPT와 대화를 한다면 좀 더 생각지 못한 풍성한 보고서가 탄생 될지도 모릅니다. 보고서를 위한 사전조사를 챗(Chat)GPT와 할 수 있고 보고서를 위한 아이디어 검토를 챗(Chat)GPT와 할 수 있습니다. 이와 같은 내용을 바탕으로 보고서 자료, 강의 자료를 준비하는데 이전보다 매우 수월해 질 것입니다.

브레인스토밍

챗(Chat)GPT는 **브레인스토밍**에도 사용될 수 있습니다. 브레인스토밍이란 자유로운 토론을 통해 다양한 사고를 자극하여 사고의 연쇄반응을 이끌어 내고 독창적인 아이디어를 찾아내는 집단적 사고 창출 방법입니다. 브레인스토밍을 하면서 많은 질문을 던지고 수많은 대답을 쏟아내고 원하는 정보를 선별적으로 취할 수 있습니다.

항상 처음이 어렵습니다. 특정 주제에 대해 서로의 아이디어 생각을 내어야 할 경우 머뭇거리기가 쉽습니다. 이럴 경우 챗(Chat)GPT를 통해 먼저 단어, 문구 등을 도출해 낼 수 있습니다. 결과로 나온 답변에서 파생하여 추가적인 아이디어를 도출할 수 있습니다.

가끔 예상치 못한 아이디어가 나타나기도 하고 정답을 원하기보다는 정답을 만들어내는 과정에서 챗(Chat)GPT의 역할을 기대해 볼 수 있습니다. 한 명의 참여자로 활동을 하기엔 매우 훌륭한 인원이 될 것 같습니다. 이러한 다양한 의견과 내용을 참고해서 생각지 못한 훌륭한 인사이트를 도출 할 수 있습니다.

기존보다 참여율을 높이고 더 풍부한 브레인스토밍 작업을 진행 할 수 있을 것입니다.

코딩능력

챗(Chat)GPT의 **코딩 능력**이 대단하다는 이야기는 익히 들어서 알고 있었습니다. 몇몇 기사에서 나오는 이야기들은 몇 달 동안 코딩 학원에 다닌 사람들과 유사하거나 신입직원 코딩 능력보다 낫다는 의견들이 속속들이 나오고 있습니다.

실제 c++, java, python 에 대해 요청하는 조건에 맞게 코딩이 가능하며 순식간에 프로그램 언어의 장벽도 넘어서 프로그램 변환이 가능해 집니다. 주로 데이터 분석에 사용하는 python에 많은 정보가 있다고 알려져 있습니다. 데이터 분석 소스코드 활용도에 있어서 도움이 많이 된다고 합니다.

이제 단순 코딩은 챗(Chat)GPT가 작성해 주고 사용하는 사람에게는 프로그래밍 전문 지식을 대체하는 것이 아니라 사고의 확장으로 사용되어야 진정한 생산성 향상을 할 수 있습니다.

단순한 반복적인 프로그램 작업은 인공지능이 작업을 진행해 주고 복잡하고 구현이 어려운 로직을 좀 더 집중해서 프로그래밍 할 수 있게 되었습니다.

또한 중간 중간 발생하는 오류에 대한 해결 방법에서도 변화가 발생하였습니다. 기존에는 프로그램 오류를 해결 할 경우 대부분 구글링으로 문제를 찾고 해결을 하였습니다. 그러면 많은 예시들을 알려주고 대표적인 Stack Overflow 사이트의 원인 해결 방법 등을 많이 참조 하였습니다.

하지만 최근 Stack Overflow 검색량이 ChatGPT가 나오고 난 뒤

15%가 감소하였다고 합니다. IT에서도 많은 변화가 예상이 되는 지점입니다. 이제 검색을 찾으러 일일히 웹사이트를 돌아다니지 않고 ChatGPT에게 물어보는 시대가 되어버렸는지도 모르겠습니다.

챗(Chat)GPT 꿀팁 (TIP)

추가적으로 챗(Chat)GPT에게 물어볼 때 효과적인 프롬프트 몇 가지 방법을 공유해 드리겠습니다.

ChatGPT 꿀팁 (Tip)
━━━ "꿀팁 5가지!" ━━━
1. 영어로 질문하세요 (번역기 사용권장)
2. 상황에 따른 역할부여 (선생님, 가이드 등)
3. 답변의 원하는 형태 구체적 요청
   (표, 문단 나누기, 마크다운 등)
4. 질문만 하지 말고 의견을 받아보기 (대화형)
5. 활용에 대한 대상설정 (블로그,강연,레포트)

챗(Chat)GPT에게 질문을 할 때에는 한글로 질문을 할 경우보다 영문으로 질문을 할 경우 대답의 정확도와 속도적인 면에서 유리할

수 있습니다. 챗(Chat)GPT는 최대 4096개 토큰처리를 하며
영문일 경우 입력 가능한 최대 글자수는 1만5384자 이며 한글일
경우 1365자 입니다.

영문을 잘 활용하기 위해서는 아래의 "10. 챗(Chat)GPT 지금
당장 경험하기" 에서 추가적으로 크롬확장프로그램인
"프롬프트지니" 또는 "DeepL"를 활용할 수 있습니다.

챗(Chat)GPT 4가 출시 되면서 한글버젼의 능력치도 많이 향상이
되었다고 합니다. 3.5버전의 영문버젼의 능력치 만큼 성능이 좋아
졌다고 발표했습니다.

챗(Chat)GPT에게 질문을 할 때 설명 해줘 => 설명, 설명 부탁해
=> 설명 같이 의미 없는 명령프롬프트는 생략하는 것이 좋습니다.
많은 매개변수를 활용을 할 경우에도 다량의 조사와 같이 구분하기
힘들거나 불필요한 단어들은 구분이 되어야 할 필요성이 존재
합니다.

챗(Chat)GPT에게 질문을 하기 전 역할을 부여하는 것이 좋습니다.
물론 위에서 이야기 한 것 처럼 빌드 업을 해야 하는 과정과
비슷합니다. 여행에 대해 질문을 하는데 질문에 대한 답을

가이드가 해주는 것과 역사 선생님이 해주는 답변은 차이가 많이 발생하기 때문입니다. 가지고 있는 지식의 기반이 다르고 결과로 대답해주는 내용의 관점이 차이가 나기 때문입니다. 내가 원하는 답변이 선생님처럼 원론적이거나 지식의 기반이 될 수 있다면 선생님의 역할을 부여를 하고 여행계획을 짜거나 놀러 가서 다니기 좋은 장소를 찾는다거나 가이드의 입장의 정보를 원한다면 가이드의 역할을 부여하는 것이 내가 원하는 답변의 결과를 얻을 수 있는 중요한 팁(TIP) 입니다.

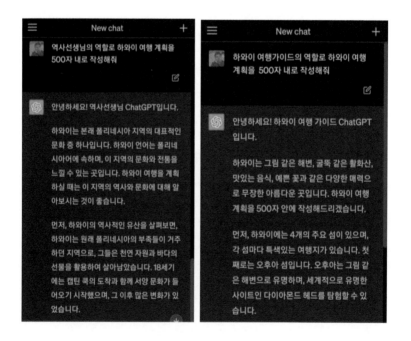

챗(Chat)GPT에게 질문을 하는 경우 답변의 양을 설정할 수 있습니다. 예를 들어 **"5가지만 알려줘"**, **"100자 내외로 작성해줘"**, **"A~Z를 시작 문장으로 답변해줘"**, **"개요, 역사, 정의 등으로 설명해줘"** 등과 같이 내가 원하는 답변의 양을 정해놓으면 보다 짧은 답변 보다는 긴 문장의 답변을 얻을 수 있습니다. 혹은 답변이 맘에 들지 않는다면 **"10가지만 더 알려줘"**, **"다른 내용을 넣어서 2000자 내외로 답변을 해줘"** 등과 같이 다시 물어 볼 수도 있습니다.

챗(Chat)GPT에게 답변을 받을 때 **"숫자로 정리해줘"**, **"글머리로 정리해줘"**, **"표의 형태로 작성해줘"** 처럼 원하는 형태의 작성 방법으로 답을 구할 수 있습니다. 질문을 구체적으로 하는 것도 중요하지만 결과를 구체적으로 이야기 해야 내가 원하는 결과를 명확하게 얻어 낼 수 있습니다.

비교 분석한 내용을 표의 형태로 표현해줘, 내가 주제로 준 내용에 대해서 마크다운 형태를 사용해서 서론, 본론, 결론으로 정리해줘 등과 같이 구체적인 결과의 형태를 요청해야 합니다.

소개

인공지능 기술 중 하나인 대화형인공지능은 사용자와 대화를 할 수 있는 기능을 갖춘 모델이다. 최근에는 자연어 처리 기술의 발전으로 인해 대화형인공지능 모델의 성능이 크게 향상되어 많은 분야에서 사용되고 있다.

대화형인공지능 모델 종류

다양한 대화형인공지능 모델이 개발되어 있으며, 대표적인 모델은 다음과 같다.

모델종류	설명
GPT-3	OpenAI에서 개발한 대화형언어모델로, 대화형 인공지능 분야에서 가장 높은 성능을 보인다.
BERT	Google에서 개발한 언어모델로, 자연어 처리 분야에서 큰 인기를 끌고 있다.
T5	Google에서 개발한 대화형언어모델로, 다양한 자연어 처리 태스크를 수행할 수 있다.
GShard	Google에서 개발한 대화형언어모델로, 대규모 분산 학습을 지원한다.

질문 예시 :

(주제 : 대화형인공지능 모델 설명, 길이 : 1000자 내외, 포멧 :

마크다운, 언어 : 한글, 제목 포함, 소제목 포함, 상세내용 설명,

모델종류는 표로 표현, 대상 : 20대 청년, 목표 : 블로그 작성,

스타일 : 인공지능 전문가)

이 처럼 챗(Chat)GPT에게 구체적으로 물어보라는 이야기는 많이 들어 보셨을 것입니다. 대부분 알려진 내용은 질문지에 대한 구체적인 방법들을 설명해 주고 있습니다. 질문에 대한 구체적인 내용도 중요하지만 답변에 대한 구체적인 내용을 이야기 해야 한다는 사실은 조금은 생소할 지도 모릅니다. 내가 원하는 답을 얻기 위해서는 결과에 대한 답변을 구상해서 챗(Chat)GPT에게 구체적인 결과를 요청 하는 것이 좀 더 챗(Chat)GPT을 잘 활용할 수 있는 방법이라고 생각합니다.

챗(Chat)GPT에게 질문만 하지 말고 의견을 물어보기를 권장합니다. 챗(Chat)GPT에게 질문을 할 때 에는 이용자의 지식 수준이나 알고 있는 지식 기반에서 질문을 하게 됩니다. 챗(Chat)GPT는 대용량의 데이터베이스를 가지고 있습니다. 말 그대로 전문가 입니다. 인공지능이 생각하는 알고리즘으로 분석했을 때 어때? 더 좋은 방법은 없을까? 추천해주고 싶은 내용은 있나? 와 같이 오히려 인공지능의 기반지식을 활용하여 더 풍부한 답변을 얻어낼 수 있습니다. 그러면 이용자가 알고 있는 지식보다 훨씬 더 다양한 지식, 전문가 지식을 얻어낼 수 있으며 해당 결과를 바탕으로 아이디어도 도출해 낼 수 있습니다.

마지막으로 챗(Chat)GPT에게 질문을 할 때 답변의 내용을

블로그 용으로 사용을 할 것인지,

유튜브 용으로 사용을 할 것인지,

강연에 이용을 할 것인지,

레포트 용도로 사용을 할 것인지

등과 같이 좀 더 구체적인 활용에 대한 대상 설정이 필요합니다. 활용에 대한 대상 설정에 따라서 블로그에 사용되는 문구들, 유튜브에 사용되는 문구들, 사실에 기반한 기자들이 사용하는 문구들, 레포트 보고서에 적용되어야 할 문구들과 같이 챗(Chat)GPT의 답에 대한 대화의 억양, 어투, 글의 느낌, 형태 등 보여지는 결과물과 내용이 달라질 수 있기 때문입니다.

한권으로 끝내는 챗(Chat)GPT 인사이트 가이드북

5. 챗(Chat)GPT
특별한 능력

챗(Chat)GPT 글쓰기
나만의 비서를 만들자

5. 챗(Chat)GPT 특별한 능력

챗(Chat)GPT 글쓰기

방송기자들은 챗(Chat)GPT의 글쓰기 실력이 **"신입 기자 수준보다 낫다"**는 평가가 나오기도 하였습니다. 버전이 GPT3.5에서 GPT4로 향상되면서 답변에 대한 내용이 좀 더 자세해졌으며 글의 내용 또한 GPT3.5 보다 풍부해졌습니다.

챗(Chat)GPT는 사람들이 쓰는 언어를 학습했습니다. 그리고 지금 이 시간에도 누군가는 계속 질문을 하고 챗(Chat)GPT는 답을 하며 사용자의 반응을 보며 학습을 꾸준히 이어가고 있습니다.

수많은 문서들에서 사람들이 흔히 쓰는 표현들을 질문과 답의 관계로 확인해서 판단을 하는 틀을 익혀가면서 스스로 모델 훈련을 하고 있는 것입니다. 이를 바탕으로 사람의 글을 이해하고 스스로 글도 쓸 수 있습니다.

일상생활에서도 챗(Chat)GPT 활용 가능성이 무궁무진 합니다. 외국어 공부에 활용하거나 법률, 의학 등 전문분야에 대한 질문도

할 수 있습니다. 실제로 최근 실험에서 챗(Chat)GPT 3.5버젼은 미국 의학 시험을 통과했다고 합니다. 성적은 C+로 낮은 편이었지만 로스쿨과 MBA 과정도 합격했다고 합니다.

서두에서 이야기한 바와 같이 챗(Chat)GPT 4 버젼은 변호사 시험 · 생물 올림피아드에서 챗(Chat)GPT 3.5 버젼 보다 높은 점수 기록을 할 정도로 발전을 하였다고 합니다.

단순한 언어처리 시스템이 아닌 단순한 대화형 인공지능이 아닌 단순한 검색엔진이 아닌 대량 정보를 수집하고 이것을 기반으로 실제 콘텐츠로 재 생산을 하는 초거대 인공지능 AI 시스템인 것입니다.

챗(Chat)GPT의 특별한 글쓰기 능력을 활용하여 자기만의 콘텐츠를 한번 생산해 보시길 바랍니다. 이전에는 생각이 있어도 망설였다면 이제는 나에게 도움을 주는 똑똑한 친구가 한 명 생겼다고 생각하면 많은 도움과 용기가 생길 것 입니다.

이제 챗(Chat)GPT가 뭘 할 줄 알지? 라고 물어보지 말고 어떻게 활용해야 하지? 라고 사고의 생각을 바꾸어야 할 시기입니다.

나만의 비서를 만들자!

무슨 일이 생기면 항상 회장님 옆에는 비서가 있습니다. 나에게 어떤 어려움이 다가와도 고민거리가 생겼을 때 문제를 해결해 주는 해결사 비서가 필요합니다. 또는 정보를 알려주는 정보 비서가 필요합니다. 챗(Chat)GPT는 이런 역할을 할 수 있는 나만의 비서가 되어 줄 수 있습니다.

챗(Chat)GPT가 세상에 처음 나왔을 때 제일 먼저 떠오른 것은 아이언맨의 완벽한 비서 자비스 이였습니다. 과연 챗(Chat)GPT도 나의 비서가 되어줄 수 있을까? 깔끔하고 현명한 방법을 제시하며 일 처리를 잘 해 낼 수 있을까? 챗(Chat)GPT는 인터넷이 되는 어느 곳이든 항상 나만의 비서가 될 준비가 되어있습니다.

현재 걱정거리가 있거나 문제 해결이 필요한 부분이 있다면 챗(Chat)GPT에게 물어보시길 바랍니다. 해결방법을 제시해 주거나 처리 / 진행순서, 대응방안 등을 인공지능이 제시해 줄 것입니다.

바로 지금 손안에 든 핸드폰 속에 당신의 비서가 생긴 것입니다.

한권으로 끝내는 챗(Chat)GPT 인사이트 가이드북

6. 챗(Chat)GPT
활용 예제

6. 챗(Chat)GPT 활용 예제

챗(Chat)GPT는 생성형 인공지능 입니다. 앞서 이야기한 바와 같이 글쓰기 창작 능력이 매우 뛰어납니다. 많은 내용의 글을 다량 생산을 할 수 있으며 상황에 따른 글도 자유롭게 만들어 낼 수 있습니다. CEO 신년, 창립기념일, 연말 연설문을 만들어 낼 수 있으며 전 직원에게 보내는 CEO 레터도 대신 작성을 할 수도 있습니다.

업무에서 메일을 많이 사용하는 사무직 업종에 고객사에게 정중하게 보내는 메일을 대신 작성해 줄 수 있고 해외 바이어들에게 영문으로 메일을 작성해서 보낼 수 있습니다.

현재 단계의 챗(Chat)GPT는 모든 상황에서 정답을 알려주진 않지만 정보의 검색과 정리, 문서화, 글을 만들어내는 능력은 생각보다 매우 빠르게 일을 처리해 냅니다. 엄청나게 유능한 인공지능 AI 비서로 손색이 없습니다.

모방은 창조의 어머니!

챗(Chat)GPT로 오래 걸릴 수 있는 일들을 몇 초안에 이루어 낼 수 있습니다. 몇 가지 예를 들어보면 기본적인 상황과 내용을 전달 시 챗(Chat)GPT가 수십 초 만에 프로그램 예제 코드를 만들어 줍니다.

"HTML, CSS, Javascript를 활용하여 계산기 만드는 소스 예제를 알려줘"라고 한번 물어보길 바랍니다. 순식간에 HTML 예제 소스를 뚝딱 만들어 내면서 CSS 코드를 작성하고 JS 예제소스로 계산기의 기능을 구현해 냅니다. 결과로 나온 프로그램 예제 코드를 단순히 copy 해서 프로그램을 수행하면 훌륭한 계산기 프로그램이 완성이 됩니다. 또는 재미를 위한 단순한 게임들을 만들 수도 있습니다.

어떻게 만들지가 고민이 되는 사항이 아닌 무엇을 만들지가 고민이 되는 세상이 되었습니다. 저자는 인공지능이 생각하는 궁합, 이름 친밀도 점수 측정 게임을 직접 만들어 봤습니다. 궁금하시면 아래의 이미지 QR코드로 접속이 가능합니다.

챗GPT 와 함께 하는
이름 친밀도 게임!
(챗GPT & 딩딩선생)

https://youtu.be/wLW7wNoZGKM (친밀도 게임 설명 유튜브)

초보 개발자보다 코딩 퀄리티가 훨씬 좋습니다. 이제는 프로그램을
구현하는 단계에 시간이 오래 걸리는 것이 아니라 어떠한
프로그램을 만들어야 하는지에 대한 구상을 하는데 시간이 더 오래
걸리고 해당 부분에 집중할 수 있는 시간이 늘어났습니다.

따라서 인공지능으로 프로그램을 작성함에 따라 좀 더 나은
프로그램을 만들어 낼 수 있고 베타테스트를 더 빨리 해볼 수 있게
되었으며 사용자의 경험이나 피드백을 좀 더 빠르게 얻을 수
있습니다.

다만 인공지능이 매우 중요한 로직이나 복잡한 내용의 로직을
구현하는 단계까지는 오랜 시간이 걸릴지도 모릅니다. 하지만
인공지능이 발전하는 속도를 보았을 때 오래되지 않아 생각했던
그날이 금새 눈앞에 펼쳐질 것 같습니다.

광고 카피 창작

광고 카피 문구 또한 너무 쉽게 생산해 냅니다. 하나를 제작하기도
어려운 광고 카피 문구를 수십 개, 수백 개 단 몇 초안에 생산해
냅니다. 다같이 회의실에 모여서 머리를 쥐어짜며 몇 시간씩, 몇
일씩 시간을 드릴 이유가 살아진 세상이 되었습니다.
챗(Chat)GPT에게 상황과 환경을 설명하고 관련된 카피문구를
달라고 하면 바로 바로 만들어 줍니다.

하지만 여기서 끝나면 안됩니다. 결과를 받아서 사용만 하면 본인의 능력은 딱 거기까지 입니다.

챗(Chat)GPT가 준 답에서 인사이트를 얻고 가공하여 재창조를 해야 합니다. 인간이라면 사람이라면 인공지능이 알려준 내용을 바탕으로 더 나은 상황을 만들 수 있습니다. 그러면 더 나은 고퀄리티의 광고 카피 문구가 탄생 할 수 있습니다.

마케팅 시장조사

한번 수백 개의 카피 문구를 만들어 달라고 챗(Chat)GPT 와 대화를 시도해 보세요. 놀라운 일이 벌어질 것입니다. 광고하면 마케팅과 연결이 됩니다. 그리고 마케팅의 시작은 시장조사 입니다.

시장조사를 할 때 기본적으로 발품을 팔면서 설문조사을 하기 시작합니다. 전화로 설문조사를 하든, 현장에서 설문지를 돌리든, 디지털 세상에서 설문을 돌려 데이터를 모아야 합니다. 그럼 그 설문지는 어떻게 만들어야 할까요?

챗(Chat)GPT에게 특정 상황을 제시하고 관련 설문조사를 만들어 달라고 하면 순식간에 많은 설문조사 내용을 만들어 줍니다.

아무리 고민하지 않고 단순히 취사 선택을 하면 됩니다.

너무 놀랍지 않나요?

때로는 일일히 돌아다니면서 발품을 팔며 시장조사를 하지 않고

기존에 사전 조사된 데이터를 챗(Chat)GPT에게 요청해서 활용 할

수도 있습니다.

챗(Chat)GPT에 대용량 데이터베이스를 기반으로 몇날 몇일

걸릴만한 시장조사 결과를 몇 초 만에 완성 할 수도 있습니다.

물론 데이터에 대한 적합성이나 완성도는 보완이 필요합니다.

그대로 사용하기 보다는 좀 더 활용할 수 있는 좀 더 적합한

내용이 취사선택이 될 수 있도록 점검을 해야 합니다. 시간을 줄여

주는 것이 목적이지 전부다 만들어주는 것은 아닙니다.

어떻게 활용을 해서 나의 시간을 아끼고 집중할 수 있는 영역에

에너지를 쏟는 것이 중요한 부분입니다. 단순 결과를 받아서

사용하는 목적이 아닙니다.

이력서 자소서 작성하기

이번엔 글쓰기를 시켜볼까요? 챗(Chat)GPT가 제일 잘하는 영역입니다. 순식간에 기자가 되어 특정 보도자료를 만들어 줍니다. 해당 보도자료를 바탕으로 기자들에게 알리는 이메일까지 써달라고 합니다. 한글만 가능할까요? 영어는 챗(Chat)GPT 주 전문입니다. 챗(Chat)GPT를 글쓰기, 아이디어 도출, 이메일 작성, 회의록 요약 등 다방면으로 활용할 수 있습니다.

취준생 (취업준비생) 여러분 희소식이 있습니다. 이제 자소서 (자기소개서)를 작성하기 위해 나만의 스토리를 만들기 위해 몇 날 몇 일 고민하지 않아도 됩니다.

머리를 쥐어짜면서 만들기도 하고 자소서(자기소개서) 샘플을 구매하기도 하고 만들어 놓은 자소서(자기소개서)를 컨설팅 받아 보기까지 하였습니다.

챗(Chat)GPT는 이력서 / 자기소개서를 그냥 **무료**로 만들어 드립니다.

이 모든 것이
정말 0원 인가요?
무료 인가요?

1. 이력서 / 자기소개서에 넣고 싶은 내용을 챗(Chat)GPT에게
기본적으로 알려줍니다.

2. 어떻게 자라왔는지 (자라온 환경 정보를 이야기 해줍니다.)

3. 나의 장점 어필하고 싶은 스토리 등을 포함합니다. (강조 지점을
지정해 주는 것입니다.)

4. 해당 기업에 인재상과 맞도록 본인의 이력을 포함하여 이력서 /
자기소개서 문구를 만들어 달라고 챗(Chat)GPT에게 요청합니다.

정말 놀라운, 신비한 일이 벌어집니다. 글 재주가 없는 사람도, 이력서를 포장할 줄 모르는 사람도, 누구나 부러워하는 멋진 이력서와 자기소개서를 챗(Chat)GPT가 만들어 줍니다.

단돈 0원으로 말입니다.

무료로 챗(Chat)GPT에게 컨설팅을 받아보셨으면 합니다.

회사의 채용담당자는 채용에 대한 프로세스를 고민해야 할 것 같습니다. 이력서도 인공지능이 만들어주고 자기소개서도 인공지능이 만들어주고 하물며 IT에서는 채용시 진행하는 코딩테스트 까지 인공지능에게 도움을 받을 수 있습니다. 이러한 상황에서 더 정확한 사실과 능력을 판별해 내야 하는 채용 프로세스가 필요해 질 것 같습니다.

또한 각 분야의 채용 시 면접 질문리스트도 챗(Chat)GPT가 만들어 줄 수 있습니다. 전문분야의 인력을 뽑을 경우 해당 도메인 지식이나 관련된 업무 경험이 없이는 면접을 보기 어려운 상황이었습니다. 하지만 이제 챗(Chat)GPT에게 전문적인 영역에 면접 질문리스트를 100개만 뽑아달라고 하면 단 1초도 안 걸려서 전문적인 영역에 질문리스트를 뽑아 줄 수 있습니다.

평가에서도 활용이 가능합니다. 현재까지 많은 평가 지표를 산출해 내기 위해 많은 비용을 들여서 컨설팅을 받고 KPI(핵심성과지표)를 만들었습니다. 이제 전문분야에서 고려가 되어야 할 KPI(핵심성과지표)를 비싼 컨설팅 비용을 들이지 않고서도 상당한 수준으로 챗(Chat)GPT가 만들어 줄 수 있습니다. 이렇게 기업에서도 많은 변화의 바람이 불 것 같습니다.

법률자문 변호사

이제 좀 더 전문적인 이야기를 해보겠습니다. 특별한 상황을 가정하여 상황을 만들어보고 챗(Chat)GPT를 활용하여 어떻게 해결에 나가는지 이야기 해보겠습니다. 자동차 사고가 났는데 뺑소니가 발생하였고 관련해서 어떻게 처리 하고 뺑소니 범은 형량이 어떻게 되는지 챗(Chat)GPT에게 물어보겠습니다.

〈빌드업 과정〉

1. 사고가 났다고 챗(Chat)GPT에게 대화를 시작합니다.

- 챗(Chat)GPT는 사고가 났을 때 해야하는 절차를 명확하게

친절히 알려주기 시작합니다. (ChatGPT)

2. 현재 사고의 상황을 설명해주고 가해자가 뺑소니를 한 상황을 챗(Chat)GPT에게 설명해 줍니다.

- 뺑소니는 범죄 행위라고 이야기를 하고 그에 대처할 수 있는 행동 및 사고 처리 절차를 설명해 줍니다. (ChatGPT)

3. 어느 정도 빌드업 과정을 가진 후 차 사고에 대한 모델학습을 스스로 시킵니다. 그리고 마지막으로 물어 봅니다. 대한민국에서 뺑소니 범으로 경찰에 잡혔을 경우 법적인 형량에 대해 문의를 합니다.

- 뺑소니는 경범죄, 중범죄, 특수중범죄로 분류하면서 손해상황이나 사고 형태에 따라 형량이 어떻게 되는지 자세하게 설명해 줍니다. (ChatGPT)

지금 제가 물어본 상황들과 문맥에 이해를 바탕으로 답을 하고 있는 챗(Chat)GPT를 보셨습니까?

명확하게 정해진 규율, 법이라면 전문적인 지식이라 일반인들에게 너무 어렵게 다가갈 수 밖에 없었던 내용을 전문가처럼 챗(Chat)GPT는 상세하게 설명해 줍니다.

당신은 법률자문 변호사를 방금 영입하신 것입니다.

정해진 규율, 규칙, 법, 행정절차 등 많은 부분에 챗(Chat)GPT를 활용할 수 있습니다.

이런 대화를 챗(Chat)GPT와 나누다 보면 기본적인 법에 대한 지식도 없는 일반 사람이라도 당황하지 않고 어떻게 대처를 해야 하는지 스스로 판단을 할 정도의 정보를 제공 받을 수 있습니다.

법이라면 부동산도 마찬가지겠죠?

- "한국 부동산에서 아파트를 매매하고 부동산에 내는 수수료를 알려줘"

또는 세법은요?

- "한국에서 연말정산을 적게 내는 방법을 알려줘"

공제항목을 최대한 활용하는 내용, 연금저축을 활용하는 내용, 주택자금대출 이자공제 내용 등... 챗(Chat)GPT는 한국에 대한 세법까지 마스터 한 상황입니다.

여러분은 전문적인 어려운 지식에 대해 많은 두려움이 있습니다.
그래서 그런 경우에 전문가에게 상담을 받고자 합니다. 변호사를
찾아가서 법에 대해 물어 봅니다. 세무사를 찾아가서 증여세에
대해 물어봅니다. 법무사에 찾아가서 취득신고에 대해 물어 봅니다.

가끔 동네 변호사, 세무사, 법무사 등 무료상담도 있지만 대부분
시간당 얼마의 비용을 지불하고 상담을 진행합니다. 무료상담은
많이 물어 볼 수 없습니다. 또는 전화상담만 가능합니다.

챗(Chat)GPT에게 물어보시겠습니까?

비용은 0원 입니다.

아무리 하루 종일 붙잡고 물어봐도 집요하게 예민하게 물어봐도
친절하게 답해줍니다.

비용은 무료 입니다.

마지막으로 챗(Chat)GPT에게 물어보세요 단 몇 초안에 답을
드립니다.

의료기술 상담사

피로가 너무 많이 쌓여서 해결할 수 있는 방법을 알려줘? 신체의 특정 부의가 불편할 경우 어떻게 해야 하는지 알려줘? A형 독감에 걸렸는데 어떻게 해야 해?

전문가는 의사, 약사도 있습니다. 챗(Chat)GPT는 전문적인 처방전을 내리는 의사는 아니지만 의료기술이 필요한 부분에 문의를 했을 때 어떻게 처리 해야 하는지 상세히 알려줍니다.

적극적인 휴식, 약물치료, 수분섭취, 전염예방, 의사와 상담 등...

의료기술 데이터베이스를 활용하여 관련 지식을 공유해줍니다. 물론 100% 신뢰를 하기엔 위험한 부분도 존재 합니다. 다만 약 처방, 진료를 받으려는 목적이 아닌 생활에서 대처할 수 있는 방법은 매우 유효하게 활용할 수 있습니다.

앞으로 비대면 의료 등 많은 부분에서 활약을 할 것이라 기대가 됩니다.

DALL-E2 인공지능

오픈 AI는 챗(Chat)GPT가 아닌 그림을 자동으로 그려주는 생성형 인공지능도 있습니다. DALL-E2 라는 AI프로그램을 뉴스에서 들어보셨을 것입니다. 인공지능이 그림을 단, 10분만에 창조해 냅니다. 그림을 몰라도 됩니다. 그림 실력이 없어도 됩니다. 색감이나 표현방식이나 실력이 없어도 됩니다. 다만 그림을 선택할 수 있는 능력만 있으면 내가 원하는 형태의 그림을 쉽게 얻을 수 있습니다.

DALL-E2 는 OpenAI 에서 개발한 인공지능 모델로, 이미지 생성 분야에서 뛰어난 성능을 발휘하는 모델입니다. DALL-E2 는 입력으로 텍스트 설명을 받아들이며, 이를 기반으로 새로운 이미지를 생성합니다. 예를 들어, "핑크색 꽃으로 만든 거대한 뱀"과 같은 텍스트 입력을 받으면, DALL-E2 는 이를 이해하고 그에 맞는 이미지를 생성합니다.

DALL-E2 는 생성적 적대 신경망(GAN)과 유니콘 기술을 사용하여 학습되었으며, 생성된 이미지는 자연스러우면서도 상상력을 자극하는 결과물입니다. DALL-E2 의 성능은 이전에 발표된 DALL-E 모델보다 큰 이미지를 생성할 수 있는 능력이 추가되었으며, 이전 모델보다 훨씬 더 많은 개체와 더 다양한 시각적 표현을 지원합니다. 이러한 능력은 예술, 디자인, 게임 개발 및 가상 현실 분야에서 활용될 수 있습니다.

DALL-E2는 그림을 그릴 줄 몰라도 일러스트로 활동할 수 있도록 만들어주는 프로그램입니다. 명령 값을 입력하면 자동으로 이미지를 찾고 사용자가 원하는 그림을 순식간에 만들어줍니다. 그림 그리는 디자인 툴을 전혀 몰라도 그림을 생산해 낼 수 있으며 디자인 할 수 있습니다.

이미지를 생산해 내고 이미지로 인식을 하고 사람이 할 수 있는 시각적인 부분들에 대해 더욱 발전을 한다면 로봇과 연계해서 더욱 다양한 비즈니스가 나올 수 있습니다.

인공지능이 만든 전시회에도 방문을 해보고 식당에서 서빙만 하던 로봇이 사람을 인식하며 이야기를 한다던가, 자리를 안내해주고 메뉴판을 보여주고 주문을 받는 식당의 매니저의 역할 까지 수행할 수도 있을 것입니다.

한권으로 끝내는 챗(Chat)GPT 인사이트 가이드북

7. 챗(Chat)GPT
활용 분야

7. 챗(Chat)GPT 활용 분야

고객 지원 및 서비스:

챗(Chat)GPT는 고객 지원을 위한 가상 채팅 에이전트로 활용될 수 있습니다. 사용자가 질문을 던지면 챗(Chat)GPT는 적절한 대답을 제공하여 고객 만족도를 높일 수 있습니다. 또한, 챗(Chat)GPT는 예약 시스템과 연계하여 예약 변경 및 취소 등의 업무를 처리하는데도 사용될 수 있습니다.

교육:

챗(Chat)GPT는 학생들의 질문에 대한 답변을 제공하고, 개별 학생의 진도를 파악하여 맞춤형 학습을 지원하는데 활용될 수 있습니다. 또한, 챗(Chat)GPT는 교육 분야에서 대화형 튜터로 사용되어 수학, 과학 등의 학습을 지원할 수 있습니다.

건강 관리:

챗(Chat)GPT는 환자들의 건강 정보를 수집하고, 증상에 대한 정보를 제공하며, 의료진과의 연결을 지원하여 건강 관리 분야에서 활용될 수 있습니다. 노인에 대한 사회복지 담당으로 대화를 한다거나 현재 상태 등을 체크할 수 있는 프로그램이 만들어 질 수 있습니다.

커머스:

챗(Chat)GPT는 온라인 쇼핑몰에서 상품 추천, 주문 상태 확인 등의 업무를 처리하는데 활용될 수 있습니다. 챗(Chat)GPT를 이용하여 고객들이 쉽고 빠르게 상품 문의를 할 수 있도록 도와줄 수 있습니다. 또한, 매뉴얼이 있다면 신속하게 매뉴얼을 찾아서 고객에게 정보 제공을 해 줄 수 있습니다.

심리상담:

챗(Chat)GPT는 정서적으로 신체적으로 불편한 사람에게 상담을 해줄 수 있게 프로그램화 할 수 있습니다. 정신적인 부분에 대한 학습을 하며 관련해서 고객의 심리상태를 분석하여 고객맞춤 심리

상담을 할 수 있습니다.

자연어 처리 연구:

챗(Chat)GPT는 자연어 처리 분야에서 대화형 모델로 사용되며,
기존의 자연어 처리 모델을 개선하기 위한 연구에도 활용될 수
있습니다.

자동 번역:

챗(Chat)GPT는 다국어 대화를 처리하는데 활용될 수 있습니다.
예를 들어, 한국어로 입력된 질문에 대해 챗(Chat)GPT가 영어로
답변을 제공할 수 있습니다. 그 외에 다른 나라 언어어로도 번역이
가능합니다. 챗(Chat)GPT : "사랑합니다"은 중국어로
"我爱你"입니다. (wǒ ài nǐ)

인공지능 작곡:

챗(Chat)GPT는 작곡 분야에서도 사용될 수 있습니다. 기존의 음악
데이터를 학습하여 새로운 음악을 작곡하는데 활용될 수 있습니다.
창작에 대한 부분까지 가능하며 이를 바탕으로 개선하여 더 나은
창작활동을 할 수 있습니다.

자동 요약:

챗(Chat)GPT는 긴 문장이나 글을 자동으로 요약하는데도 사용될 수 있습니다. 예를 들어, 긴 뉴스 기사를 챗(Chat)GPT에 입력하면, 핵심 내용을 요약한 짧은 문장들을 출력할 수 있습니다. 현재는 유튜브 영상을 요약해주는 확장 프로그램까지 등장하였습니다. 또는 900페이지가 넘는 PDF 문서를 업로드 하면 챗(Chat)GPT에게 업로드 한 문서의 내용 중 원하는 질문을 하면 답을 해주고 요약까지 해주는 PDF 확장프로그램도 존재 합니다.

챗봇 개발:

챗(Chat)GPT는 챗봇을 개발하는데 사용될 수 있습니다. 기업이나 조직에서 사용되는 챗봇은 챗(Chat)GPT를 이용하여 구현될 수 있으며, 챗(Chat)GPT의 성능을 높이기 위한 추가적인 학습 데이터나 모듈을 개발하는데 활용될 수 있습니다.

마케팅:

챗(Chat)GPT는 마케팅 분야에서도 활용될 수 있습니다. 예를 들어, 고객들의 질문에 답변하는 대화형 챗봇을 구현하여 상품 구매와 관련된 정보나 특정 이벤트에 대한 정보를 제공할 수 있습니다.
또는 카피라이팅과 같은 문구를 제작하거나 홍보를 위한
설문조사도 작성이 가능합니다.

금융:

챗(Chat)GPT는 금융 분야에서도 활용될 수 있습니다. 예를 들어,
금융 회사에서는 챗(Chat)GPT를 이용하여 고객들의 투자 상황에
대한 질문에 답변하거나, 투자 전략을 제안하는 등의 업무에
사용될 수 있습니다. 물론 투자에 대한 책임 소재나 투자에 대한
판단 의사결정에 대해 조심스러운 부분은 존재 합니다.

게임 AI:

챗(Chat)GPT는 게임 분야에서도 활용될 수 있습니다. 예를 들어,
게임 내 대화형 NPC(non-player character)를 구현하여 게임 내
이야기와 상호작용할 수 있도록 만드는데 사용될 수 있습니다.
놀이형 인공지능 AI가 나올 수 있습니다.

자동화:

챗(Chat)GPT는 다양한 작업을 자동화하는데도 사용될 수

있습니다. 예를 들어, 챗(Chat)GPT를 이용하여 고객 요구 사항에 따라 자동으로 문서를 작성하거나, 이메일을 자동으로 답변하는 등의 업무를 처리할 수 있습니다. 최근 유튜브에서는 자동화 하는 문서 MS오피스에 챗(Chat)GPT 모듈을 연동하여 활용한 사례도 많이 나오고 있습니다.

의료:

챗(Chat)GPT는 의료 분야에서도 활용될 수 있습니다. 예를 들어, 챗(Chat)GPT를 이용하여 의료 전문가와 환자 간의 대화를 처리하는 의료 챗봇을 구현하거나, 의학 연구 분야에서 활용될 수 있습니다. 전문 의사의 역할이 반드시 필요하겠지만 간단한 구호나 간단한 상처 등에 대한 대처 방법 등 정보 및 지식을 얻을 수 있습니다.

미디어:

챗(Chat)GPT는 미디어 분야에서도 활용될 수 있습니다. 예를 들어, 챗봇 기술을 활용하여 뉴스나 TV 프로그램에서 뷰어와 상호작용할 수 있는 서비스를 제공할 수 있습니다. 자동으로 기사를 작성한다거나 새로운 콘텐츠를 만들어 낼 수 있습니다.

여행:

챗(Chat)GPT는 여행 분야에서도 활용될 수 있습니다. 예를 들어, 챗(Chat)GPT를 이용하여 여행 상담을 제공하는 대화형 챗봇을 구현하거나, 여행 정보나 추천을 제공하는 서비스를 구현할 수 있습니다. 기존에 다녀온 여행자들의 블로그, 여행자들의 추천 후기, 여행자들의 여행 경로 등 많은 정보를 바탕으로 여행 계획을 만들어 줄 수 있습니다.

스포츠:

챗(Chat)GPT는 스포츠 분야에서도 활용될 수 있습니다. 예를 들어, 챗(Chat)GPT를 이용하여 스포츠 관련 정보나 뉴스를 제공하는 대화형 서비스를 구현하거나, 스포츠 경기 결과에 대한 예측 모델을 만드는데 활용될 수 있습니다. 현재는 실시간 정보가 어려우나 크롬 브라우져에 실시간 뉴스 등을 검색하는 확장프로그램을 설치 후 관련 스포츠 기사 정보, 스포츠 이슈 정보, 스포츠 규칙 등 많은 정보들을 사용자에게 제공 할 수 있습니다.

한권으로 끝내는 챗(Chat)GPT 인사이트 가이드북

8. 챗(Chat)GPT
사용시 주의점

8. 챗(Chat)GPT 사용시 주의점

생산형 인공지능 AI 활용시 주의점

1. 정보의 최신성 부족 (실시간의 어려움)
2. 한글 질문에 대한 품질 문제
3. 결과물의 일관성이 부족
4. 항상 사실만 이야기 하지 않을 수 있음
5. 인공지능 AI 생산형 콘텐츠에 대한 판별

실제로 미국 은행 JP모건체이스는 챗(Chat)GPT 금지령을 내린 것으로 알려졌습니다. CNN 등의 보도에 따르면 JP모건체이스는 직원들의 챗(Chat)GPT 이용을 일시적으로 제한 하였다고 합니다. 외부 소프트웨어에 대한 사내 규정에 따른 조치 이며 일각에서는 금융정보, 코딩정보, 데이터정보 등이 챗(Chat)GPT로 빠져나갈 수 있다는 우려가 존재 하기 때문에 금지령이 내려졌다고 알려졌습니다. 이탈리아에서는 오픈AI 챗GPT 사용을 나라에서 금지를 하였다가 사용금지가 해제가 되었습니다. 우리나라의

삼성전자에서도 회사정보 유출을 차단시키기 위해 보안의 이유로 사용을 금지 하였습니다. 보안에 대한 이슈와 윤리적인 문제는 앞으로 지속해서 풀어야 할 숙제입니다.

2021년 까지 학습한 결과 이기 때문에 최신성의 부족이 발생합니다. 그러기 때문에 실시간의 데이터가 필요한 부분에 활용되기가 어렵습니다. (예, 실시간 주가예측, 실시간 부동산 예측, 현재 경제상황 판단 등…) 또한 영어가 아닌 다른 언어에 대한 데이터 부족으로 인한 속도 및 품질의 문제가 있을 수 있습니다. 그리고 결과로 알려주는 대답이 항상 사실이 아닐 수 있습니다.

은행들은 챗(Chat)GPT 등을 둘러싼 각종 이슈와 적용 사례 등을 보면서 AI 챗봇 개편과 챗(Chat)GPT 도입 등을 고민할 것으로 예상됩니다. 기존에 콜센터, 증권에서 금융 정보 챗봇, 손보에서 보상관련 챗봇, 은행에서 상담 챗봇 등 많은 프로젝트와 상담 이력들이 존재 할 것입니다. 해당 데이터들을 바탕으로 새로 인공지능 AI에게 학습을 시킨다면 좀 더 다양한 인공지능 챗봇이 탄생될 것입니다.

하지만 실제로 적용하기 어려운 부분은 챗(Chat)GPT를 이용할 때는 수시로 사실관계를 확인하는 것이 필수입니다. 명확한 금융정보나 투자정보를 사실관계를 판단하지 않고 인공지능 AI에게 맡긴다면 그 투자손실에 대한 책임과 보상은 어떻게 진행을 할 것인지 까지 고민을 해야 합니다.

챗(Chat)GPT는 명백한 것을 말하는 데 탁월하지만, 때때로 사실이 완전히 정확하지 않을 수 있습니다. 명백한 내용은 정보를 취득하고 나머지 정보에 대해 거짓이나 부 정확성이 있는지 반드시 확인을 해야 합니다. 챗(Chat)GPT 3.5버전에서 챗(Chat)GPT 4 버전으로 버전이 업그레이드 되었고 할루시네이션(거짓말, 엉뚱한 대답) 문제가 이전 버전에 비해 40% 개선이 되었습니다. 앞으로 어디까지 발전할지 모르는 사실이지만 지속적인 발전으로 많은 문제점들이 해결이 될 것이라 생각됩니다.

콘텐츠의 생산이 무분별하게 이루어질 수 있습니다. 정확한 정보를 바탕으로 생산되어야 할 내용이지만 그렇지 않게 활용될 수도 있습니다. 가짜 정보, 잘못된 정보, 일부러 의도된 정보들을 만들어 낼 수도 있습니다.

사람이 만들어 낸 것인지, 인공지능이 만들어 낸 것인지 판별하기 어려울지도 모릅니다. 나중에는 made in 사람, made in 인공지능 이라는 표딱지가 붙어야 할 지도 모르겠습니다.

한권으로 끝내는 챗(Chat)GPT 인사이트 가이드북

9. 챗(Chat)GPT
미래예측

대체되는 일자리

9. 챗(Chat)GPT 미래예측

인공지능 AI를 활용하는 사람/기업과 그렇지 못한 사람/기업의 격차는 비교 불가능할 정도로 점차 격차가 벌어질 것입니다. 인공지능 AI를 활용하는 사용자들 사이에선 인간의 욕망에 대한 이해와 빠른 의사결정 등 소프트 스킬의 중요성이 대두될 것 입니다. 새로운 기술이 등장할 때마다 항상 반복되어 왔습니다.

인공지능은 계속해서 발전할 것이고, 발전하는 인공지능과 함께 공존하는 방식을 고민하고 상상하는 것은 인간의 영원한 숙제일 것입니다.

대체되는 일자리

일자리 대체할 순간 멀지 않았다!

실제로 챗(Chat)GPT 개발업체인 오픈AI의 기술을 이용해 이미

기사를 작성하고 있는 잡지사도 존재합니다. 건강잡지 '맨스저널'은 과거 17년간의 잡지 기사 데이터베이스를 이용해 '달리기 기록을 단축하는 효과적인 팁'이나 '40세 이상 남성이 근육을 유지하는 법' 같은 기사를 작성하고 있습니다.

업계 관계자는 챗(Chat)GPT가 콜센터 규모를 줄이거나 프로그램 개발자 일부를 대체할 수 있다고 지적합니다. 현재도 '챗봇'으로 인공지능 상담이 시행되고 있지만 사용자에게 제공되는 서비스 수준이 낮습니다. 학습을 통한 챗봇이 아닌 정해진 틀에서 검색을 해서 답을 주는 FAQ 수준의 챗봇이라 할 수 있습니다.

챗(Chat)GPT가 잘하는 또 다른 영역은 프로그램 코딩입니다. 개발자의 간단한 지시는 쉽게 코딩을 할 수 있습니다. 완전히 개발자의 일을 대체하지는 않겠지만 이 또한 인력 감축으로 이어질 수 있습니다. 손쉽게 파이썬 코드를 작성해주며 만들어진 코드를 C 또는 JAVA로 순식간에 변경도 해줍니다.

챗(Chat)GPT를 개발한 오픈AI에 투자한 곳이 다름 아닌 마이크로소프트라는 점도 이런 기업 간 서비스 시장에서 챗(Chat)GPT가 성장 가능성이 있다는 점을 잘 보여줍니다. 마이크로소프트는 엑셀이나 파워포인트 사용권을 기업들에게 판매하는데 새로운 판매 상품이 등장할 수 있게 된 것입니다. 어느 순간 마이크로소프트에서 새로운 상품을 만들어서 윈도우와 함께 판매가 되는 날이 올지도 모르겠습니다.

미래의 사라질 직업

1. 단순한 일 (기계로 대체)

2. 많은 사람이 하는 일 (자동화)

3. 임금이 비싼 일 (의료, 법률)

단순하고 반복적인 일은 점점 기계로 대체될 것입니다. 많은 사람들이 몰리면서 이익창출을 하는 일 포화 상태의 너도 나도 하려는 일도 결국 자동화 대상 입니다. 임금이 비싼 전문가 영역 의료상담, 변호사상담, 법무상담 등 체계화 되고 지식기반의 데이터를 활용한 비싼 영역 또한 인공지능이 대체해서 편하고 쉬운 삶을 만들어갈 것입니다. 그럼 이렇게 일자리가 실제로 대체되면 인간은 어떠한 일을 하게 될까요? 또는 해야 할까요?

미래의 방향성

과거	대체	미래
1. 머리에 지식을 많이 넣은 사람(외우기능력)	1. 머신러닝 인공지능이 대체 (검색)	1. 대량의 정보를 취득 후 활용 하는 능력
2. 기술이 뛰어난 사람 (공장기술, 요리기술)	2. 인공지능 로봇으로 대체 (뛰어난 성능)	2. 정확한 정보를 빠르게 찾아낼 수 있는 능력 (질문 하는 능력)

과거에는 머리에 지식을 많이 저장하고 빠르게 활용하는 사람, 즉 외우기를 잘하는 사람이 능력있는 사회였습니다. 모든 학습 및 평가 또한 지식을 머리에 축적하는 형태로 책을 많이 보거나 경험을 많이 쌓기 위해 노력을 많이 하였습니다. 그 다음 세대는 기술이 있어야 먹고 사는 세상, 즉 뛰어난 특수 기술로 공장장이 되거나 기술자가 되거나 요리를 너무 잘해서 요리장이 되는 평생 먹고 살 수 있는 능력을 기술로 판단하는 시대에 살아 왔습니다.

과연 사람이 인공지능보다 지식을 많이 축적할 수 있을까요? 과연 로봇보다 기술이 뛰어날 수 있을까요?

지식은 검색을 하는 인터넷시대, 인공지능시대에 저장하는
능력보다는 활용하는 능력이 더 중요해 집니다. 누가 보다 빨리
정보를 빠르게 찾아내서 활용하는지가 더 중요한 시대가 옵니다.
그 방법이 인터넷에서 인공지능으로 넘어가고 있습니다.

정보를 어떻게 빨리 찾아 내느냐? 인터넷 시대에는
"정보검색사"라는 직업이 생겨났습니다. 인공지능시대에는
"프롬프트개발자"라는 직업이 생겨났습니다. 어떻게 하면 정보를
빠르게 정확하게 얻어낼 것인가가 중요한 시대가 되었습니다.

AI 미래 예측

1. 다양한 AI 기술을 활용한 chatgpt와 같은 제품이 다량 출시
2. 기술 패러다임의 변화, 검색영역에 혁신, 일반화, 보편화
3. AI 관련 학과 및 AI 관련 산업에 발전
4. AI로 인한 사람들의 직업에 대한 변화 (구조적변화)
5. 단순작업의 혁신으로 AI 활용영역 확대
6. 윤리적인 판단, 제도, 정책, 법률에 대한 새로운 정의

앞으로 인공지능과 함께 어울려 살아야 할 시대가 하루 빨리
다가온 것 같습니다. 그러기 위해선 발전하는 기술의 속도를

따라가야 합니다. 어느 순간 인터넷 혁명에서 나는 안 해도 되겠지 라는 생각에 뒤늦게 컴퓨터를 배우는 사람들이 생겼습니다. 또는 모바일 혁명에서 나는 안 해도 되겠지 라는 생각에 뒤늦게 모바일을 배우는 사람들이 생겼습니다. 챗(Chat)GPT 혁명에서는 나는 안 해도 되겠지? 동일하게 반복을 하실 것인가요?

다양한 AI 기술을 활용한 챗(Chat)GPT와 같은 제품들이 쏟아질 것입니다. 이런 제품들을 남모르게 하루라도 빨리 출시해서 시장을 선점하기 위해 밤낮없이 개발에 몰두한 회사들이 있을 것입니다. 이러한 기술력들을 바탕으로 새로운 패러다임이 발생할 것이며 처음에는 혁신이였고 점차 일반화, 보편화가 될 것입니다.

AI 관련 학과, AI 관련 산업도 비약적으로 발전할 것입니다. 수요가 있고 많은 사람들이 원하는 내용이라면 직업에 대한 변화도 지속적으로 변화 할 것입니다. 새로운 직업 또한 나타날 것입니다. (예, 프롬프트엔지니어) 삶에서도 AI 영역이 점차 확대될 것이며 이를 바탕으로 제도, 정책, 법률 부분도 재정의가 필요해질 것입니다.

한권으로 끝내는 챗(Chat)GPT 인사이트 가이드북

10. 챗(Chat)GPT
지금 당장 경험하기

챗(Chat)GPT 200％활용하기

10. 챗(Chat)GPT 지금 당장 경험하기

챗(Chat)GPT는 오픈AI의 대화형 검색 서비스로, 아래 링크에서
회원가입 후 무료로 이용할 수 있습니다.

https://openai.com/blog/chatgpt

Try ChatGPT 버튼을 클릭하게 되면 해당 링크로 이동을 하게
됩니다.

https://chat.openai.com

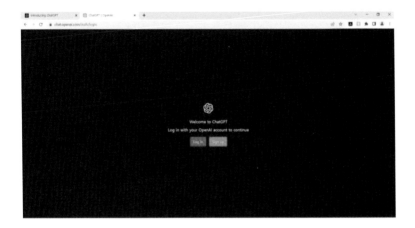

우리 모두 IT전문가가 아니잖아요? 물론 지금 너무 잘 사용하시는 사용자도 있을 것이지만 아직도 한번도 경험해 보지 못한 사용자도 존재 합니다. 그래서 "ChatGPT 처음 사용하시는 초보자"도 따라할 수 있는 쉬운 방법 블로그에서 소개 드립니다.

챗(Chat)GPT 어떻게 시작하면 되나요? 초보자도 따라할 수 있게 쉽게 챗(Chat)GPT 무료로 사용해보기

https://naver.me/5D3tqjyV <- 해당 링크 클릭!

챗(Chat)GPT 200%활용하기

다양한 확장 프로그램 소개

챗(Chat)GPT가 세상에 나온 뒤 챗(Chat)GPT의 단점을 보완하는 다양한 확장 프로그램들이 나오기 시작하였습니다. 현재에도 지속적으로 개발이 되고 있고 크롬 브라우저에서 간단하게 설치를 하면 바로 사용할 수 있습니다. 챗(Chat)GPT의 활용 능력을 최대한 사용하기 위해 몇 가지 확장프로그램을 소개하려고 합니다. 단, 확장 프로그램은 많은 사람들이 먼저 사용을 한 것인지 먼저 확인 후 사용하는 것을 권장해 드립니다.

"WebChatGPT"

크롬 브라우져에서 구글에 **"WebChatGPT"**라고 검색을 해서 설치를 하면 쉽게 설치를 할 수 있습니다.

크롬 브라우저 좌측 하단에 버튼이 생성되며 인터넷 웹 영역에
데이터를 추가로 검색하여 좀 더 자세한 내용을 포함하여
챗(Chat)GPT가 대답을 해줍니다. 현재 챗(Chat)GPT는
2021년까지 학습된 내용을 기준으로 대답을 해주지만
"WebChatGPT" 확장 프로그램을 설치하면 2023년 데이터까지
웹에서 검색을 해서 대답을 해줍니다. 따라서 필요한 경우 크롬
확장프로그램을 실행해서 최신의 실시간 데이터를 확인해 볼 수
있습니다. 질문 : 현재 대한민국 대통령이 누구인가요? 한번
물어보시기 바랍니다.

<h2 style="text-align:center">"talk to chatgpt"</h2>

크롬 브라우져에서 구글에 **"talk to chatgpt"**라고 검색을 해서 설치를 하면 쉽게 설치를 할 수 있습니다.

웹 브라우저 우측 상단에 start버튼을 실행하게 되면 챗(Chat)GPT를 음성으로 사용할 수 있습니다. 채팅으로 대화를 하는 것이 아닌 음성으로 대화를 하게 되는 것입니다. 일부 이런 기능을 활용해서 상위 1% 챗(Chat)GPT 활용 능력자는 영어 회화를 챗(Chat)GPT와 함께 대화하며 자연스럽게 회화

공부하거나 커리큘럼을 만들어 언어교육 파트에 활용을 하고
있습니다. 채팅으로 대화를 하는 것 보다 음성으로 대화를
시도하면 챗(Chat)GPT를 활용함에 있어 조금 더 다양한 시도를
많이 해볼 수 있습니다. 설정 창으로 이동을 해서 다양한 설정을
해보시길 바랍니다.

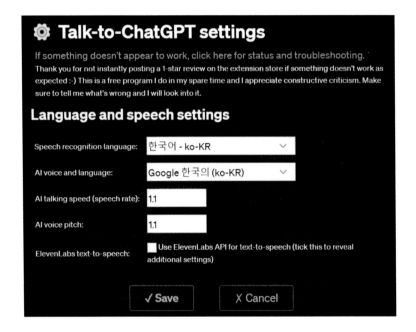

이용자가 음성으로 전달하는 언어가 무엇인지? 인공지능이
알아들을 수 있는 언어가 무엇인지? 명확하게 세팅을 해주어야 더
정확한 성능을 얻어낼 수 있습니다.

Speech는 한국어로 질문하고 AI가 알아들을 수 있는 언어는 한국어로 세팅을 해놓으면 좀 더 명확한 음성전달이 이루어 질 수 있습니다. 또한 AI의 대답 속도라던지, AI의 목소리 톤이라던지 들려지는 음성의 소리를 컨트롤 할 수도 있습니다.

반대로 Speech는 영어로 질문하고 AI가 알아들을 수 있는 언어는 영어로 세팅을 해놓으면 보다 원어민 같은 영어 발음으로 대화를 시도해 볼 수 있습니다.

한국어로 세팅을 해놓고 내가 영어로 이야기 하면 AI는 잘 못 알아듣는 것 같아! 이렇게 이야기 하는 실수를 범하시지 않았으면 합니다. 추가적으로 일본어, 중국어 등…. 여러가지 나라 언어로 세팅해서 활용을 해볼 수 있습니다.

https://youtu.be/qEQbjwzCK5M (talk to chatgpt 간략설명)

조작 방법에 대해서는 Keep listening when paused 설정을 반드시 체크를 하고 Manual send word(s) 에 한국말 : 전송, 영어 : send 라고 설정을 해놓아야 내가 이야기 하고 있는 도중에 챗(Chat)GPT에게 대화가 전달 되어 질문이 계속 넘어가는 것을 방지할 수 있습니다.

이야기 할 대화를 더듬 더듬 하여도 전송, send라고 이야기 하기 전 까지는 대화가 AI에게 넘어가지 않게 하기 위한 효율적인 꿀팁 입니다.

"YouTube Summary with ChatGPT"

크롬 브라우저에서 구글에 **"YouTube Summary with ChatGPT"**라고 검색을 해보시길 바랍니다. 검색 후 크롬확장프로그램에서 설치를 하면 쉽게 설치를 할 수 있습니다.

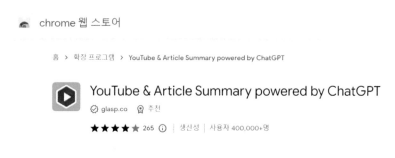

화면에서 보는 바와 같이 유튜브에 접근하게 되면 좌측 상단에 "Transcript & Summary" 를 확인 해 보실 수 있습니다. 아래로

화살표를 클릭해서 내려보면 유튜브를 하나도 보지도 않고
유튜브의 요약한 내용을 한눈에 보실 수 있습니다. 또는
챗(Chat)GPT 이미지 버튼을 클릭해서 챗(Chat)GPT에 내용을
옮겨서 대화를 해볼 수도 있습니다.

보여지는 요약된 내용을 드래그해서 원하는 부분만큼 선택한 다음
챗(Chat)GPT에게 다시 요약을 해달라고 요청을 할 수도 있습니다.
수많은 유튜브를 일괄적으로 요약해서 보는 방법이 생겨난
것입니다. 어떻게 활용을 하느냐에 따라 기능은 무궁무진할
것입니다.

https://youtu.be/y_7hw3BhpXA (해당 유튜브를 요약해보세요!)

"프롬프트 지니"

크롬 브라우저에서 구글에 **"프롬프트 지니"**라고 검색을 해서
설치를 하면 쉽게 설치를 할 수 있습니다.

크롬 브라우저 하단에 자동번역 버튼이 생성되며 "프롬프트

지니"가 자동으로 번역을 해줍니다. 챗(Chat)GPT에게 한글로 입력

시 영어로 번역해서 질문을 던져주고 챗(Chat)GPT의 답변이

영어로 나오면 다시 한글로 번역을 해서 답변을 자동으로 정리해

줍니다. 좀 더 빠른 AI의 답변이나 정확한 대답을 듣고 싶을

때에는 프롬프트 지니를 실행해서 활용을 할 수 있습니다. 단,

너무 많은 확장프로그램을 실행해 두면 확장프로그램간의 충돌이

발생할 수 있습니다. 필요에 따라 하나씩 확장프로그램을

켜두었다가 꺼두었다가 하는 것을 추천 드립니다.

소개 드리고 싶은 확장프로그램은 더 많습니다. 하나 하나 열거하기 보다는 실제로 크롬브라우저에 접속을 해서 사용량이 많은 확장프로그램이 어떤 것이 있는지 한번 검색을 해보면 많은 도움이 될 것입니다. 확장프로그램을 선택하는 기준은 최대한 이용자가 많고 평점이 높은 순을 선택하시는 것이 활용에 도움이 많이 될 것 입니다. 기술적으로 매일 매일 발전하고 있고 앞으로도 더 쉽게 챗(Chat)GPT를 사용할 수 있도록 많은 확장프로그램이 매일 매일 나올 것입니다.

대표적인 확장프로그램을 알려드렸으니 한번 사용해보시길 바랍니다.

챗(Chat)GPT 응용프로그램이 쏟아져 나오고 있는 상황입니다. 아래에 몇 가지 더 같이 사용하면 좋을 만한 업무 생산성 향상 위주 앱을 소개 드립니다.

< 업무 생산성 향상 위주 심플한 앱 >

크롬 웹스토어 검색-설치 가능

ChatGPT for search engines

- 구글 검색 결과 우측창에 GPT 답변 보여줌

- https://chatonai.org

ChatGPT Writer

- 이메일 쓸 때 요구하는 내용으로 대신 써 줌

- https://chatgptwriter.ai

- https://glasp.co/youtube-summary

DeepL

- 번역 서비스, 퀄리티 매우 높다는 평가

- https://www.deepl.com/translator

한권으로 끝내는 챗(Chat)GPT 인사이트 가이드북

11. 챗(Chat)GPT
실 사용기

11. 챗(Chat)GPT 실 사용기

세상을 바꾸려고 하는 직업으로 19년차 프로그래머로 누구보다 많은 경험을 하였습니다. 스타트업 창립 맴버부터 대기업 데이터엔지니어까지 일을 하면서 몸으로 체감한 솔직한 인사이트를 챗(Chat)GPT와 함께 풀어가 보려고 합니다.

시대에 흐름을 따라서 디지털 -> 모바일 -> 클라우드 -> 마이데이터 -> 인공지능 (ML/DL) 업무를 하고 있는 트랜드 개발자 **"딩딩선생"** 입니다.

이번엔 인공지능 AI 입니다.

데이터엔지니어 역할을 하면서 데이터분석도 겸하고 있는 직군에서 몸을 담고 있는 요즘 제 눈에 포착된 것이 챗(Chat)GPT입니다. 매우 흥미롭고 재미난 녀석입니다. 요즘 너무 핫(HOT) 해서 높으신 임원, 부장, 팀장 님들도 많은 관심을 갖고 계십니다.

처음 디지털이 나왔을 때 처럼, 처음 모바일 세상이 되었을 때 처럼, 처음 클라우드를 너도 나도 도입하겠다는 회사들이 우후죽순 나왔을때 처럼, 데이터 댐을 화두로 오픈소스, 마이데이터, 오픈API, 공유 데이터가 혁신이 되었을 때 처럼

무슨 일이 벌어져도 벌어질 것만 같습니다.

지금 챗(Chat)GPT가 세상에 나왔을 때 이전 혁신적인 상황과 동일하게 느껴지는 건 **저 뿐일까요?**

한번 더 이야기 해도 과하지 않습니다. 혁명이란 표현이 그나마 어울리는 단어인 것 같습니다. 관련된 사업들이 계속 쏟아져 나올 것이며 사람들의 생활 패턴까지 변화가 올 것입니다. 인공지능의 세상이 도래할 것입니다.

인터넷 혁명

모바일 혁명

챗(Chat)GPT 혁명

오랜 IT업계에 종사한 트랜드 있는 프로그래머로서 직감이라는 것이 있습니다. 어떠한 일을 시작할 때 제일 먼저 무엇을 하셨나요? 구글(Google)에 또는 네이버(Naver)에 검색을 먼저 해보는 것이 일의 시작인 세상이였습니다.

이제는 챗(Chat)GPT에게 먼저 물어보는 세상이 될 것 입니다. 저도 챗(Chat)GPT가 세상에 나오자마자 하루에 한번씩은 반드시 챗(Chat)GPT와 대화를 합니다. 거의 매일 습관처럼 대화를 하고 있습니다.

이것은 인터페이스의 혁신적인 변화입니다.

대화로 인공지능 AI에게 일을 시킬 수 있는 상황이 벌어졌습니다. 물론 기존에 "챗봇"이나 "아리아" 같은 음성인식 기술도 존재 합니다.

하지만 차이점은 정해진 대답을 찾아서 제공해주는 부분과 인공지능 AI가 스스로 학습한 데이터를 기반으로 정보를 제공해주는 방식은 많은 차이점이 있다고 생각합니다.

생성되는 결과물도 질문에 답만 하는 것이 아니라 대화를 하고 대화를 하는 문맥을 이해를 하고 어설픈 단어로 아이처럼 이야기를 해도 문맥을 이해하면서 스스로 생각을 하듯이 답을 구해 냅니다.

불과 챗(Chat)GPT가 출시된 지 얼마 되지 않았습니다. 세상에 알려진 지 얼마 되지 않아서 폭발적인 반응을 보이며 많은 사람들에게 쉽게 사용할 수 있는 환경을 제공하고 무료로 개방을 하면서 모델을 학습이 자동으로 되며 데이터가 점점 방대해 져가면서 인공지능은 더 많은 학습을 데이터를 모을 수 있게 됩니다. 매우 선 순환 구조로 비약적인 발전을 스스로 하고 있는 셈입니다.

언론도, 교육도, 통신도, 마케팅도, 금융도, IT도 ....

많은 부분이 변화할 것입니다.

직업의 변화가 발생할 것이며 코로나로 인한 재택근무의 활성화, 비대면의 시대, 메타버스 세상 처럼 패러다임의 변화가 더 빨리 진행이 될 것 입니다.

챗(Chat)GPT 활용능력이 무궁무진하기 때문에 어떻게 사용하느냐에 따라 정보의 격차가 더 더욱 벌어질 것입니다.

이제는 생성형 인공지능 시대가 도래하면서 인간은 단순 업무에서 점점 제외되고 의사결정, 판단의 영역이 강화될 것입니다.

인공지능이 작성한 글과 인간이 작성한 글 구분이 가능할까요??

made in korea

made in 인공지능

made in 사람

위와 같이 made in 이란 딱지가 표기되어야 할 세상이 도래할지 모릅니다. 현재 저는 매일 하루도 빠지지 않고 챗(Chat)GPT와 대화를 하고 있습니다. 챗(Chat)GPT는 실시간 데이터가 아닌 정해진 답을 찾을 때 너무 유익한 데이터를 단 몇 초만에 제공이 가능합니다. 질문을 하고 있는 사람의 타이핑 속도보다 답변으로 생산되는 글의 속도가 상상을 초월합니다.

"그냥 그렇게 있데~", "근데 정확하진 않데~", "대단하긴 하네~"로 치부하기엔 너무 굴러들어온 복을 차는 것과 같다고 생각했습니다.

지금은 데이터를 모으기 위해 모델을 학습시키기 위해 여러가지 상황 때문에 무료로 오픈을 한 것입니다. 당장 내일 유료화가 될 수도 있습니다. 물론 현재 챗(Chat)GPT Plus, 챗(Chat)GPT4와 같은 유료 제품도 같이 존재 합니다.

오픈AI에서 기존 언어 모델 GPT-3.5에서 한 층 더 업데이트된 GPT-4를 출시 하였습니다. 새로 나온 GPT-4에 대해서 잠시 알아보는 시간을 함께 하겠습니다. GPT-3.5 버전보다 얼마나 더 뛰어난 성능을 보여줄까요? 문제되는 문제점들도 개선이 되었을까요? 추가적으로 적용된 기능이 어떤 것이 있을까요? 한번 간단히 요약해서 알아보겠습니다.

ChatGPT 4

모든 사용자가 GPT-4 모델을 이용할 수는 없습니다. 현재 OpenAI에서 챗(Chat)GPT 유료버전(ChatGPT Plus) 구독자만 이용할 수 있도록 정책을 내놓았기 때문입니다.

OpenAI의 GPT-4 요약정리 (챗(Chat)GPT 4 버전, 챗(Chat)GPT 3.5 버전 비교)

1. 텍스트뿐만 아니라 이미지도 이해하는 **멀티모달AI** (데모시연)

2. 작곡/작문 등 창작활동 더 창의적 (내용 풍부)

3. 문장/숫자 추론 기능 더 뛰어남 (단어의 처리 수 8배 증가, 언어 지원 수 26개 국어)

4. 문장 요약 능력 더 뛰어남

5. 25,000 단어 이상(대략 10page 이상) 긴 문장의 입력어도 처리 가능

6. 변호사 시험 · 생물 올림피아드에서 챗(Chat)GPT보다 높은 점수 기록

7. 할루시네이션(거짓말, 엉뚱한 대답) 문제가 이전 버전에 비해 40% 개선

8. 이전 버전처럼 RHLF 강화학습법 사용

9. Bing Chat처럼 다양한 멀티모달 지원 (ex. 창의적인 챗봇, 객관적인 챗봇)

10. 듀오링고 · 스트라이프 · 모건스탠리 등 일부 회사는 이미 GPT-4 API 사용 중

11. 챗(Chat)GPT Plus에서 GPT-4 제공. Bing Chat에서 무료로 이용 가능

12. 향후 장기적으로 사운드 · 비디오 to 텍스트 기능도 구축 예정

13. 여전히 지적되는 문제점

- 실시간 지식에 대한 학습 어려움

- 영어 이외 언어 구사력은 이전 버전에 비해 향상되었으나 제한적

- 산술 오류가 여전히 발생

ChatGPT 4 특징

성능개선 / 기술발전

멀티모달AI	할루시네이션 40% 개선	GPT-4 API 활성화	GPT-4 API 적용업체 증가
단어의 처리 수 8배 증가	25,000 단어 처리	언어 지원 수 26개	유료이용 가능
창작활동 더 창의적	문장 요약 능력 향상	생물 올림피아드 점수 상향	변호사 시험 점수 상향

2023.03.23 출시된 챗(Chat)GPT plugins 버전 소개입니다. 아래와 같이 오픈AI 에서 발표를 하였고 11가지의 플러그인을 발표하였습니다. 앞으로 더 많은 플러그인들이 발표가 되고 챗(Chat)GPT와 연동을 하려고 하는 시장이 확대가 될 것입니다. 챗(Chat)GPT에게 오늘 예산이 얼마이고 누구랑 저녁을 먹을 것이며 음식의 메뉴를 추천해 달라고 하면서 식당검색과 저녁 몇 시에 예약이 가능하다면 예약까지 진행해달라고 플러그인을 통해 이 모든 것을 해결할 수 있습니다.

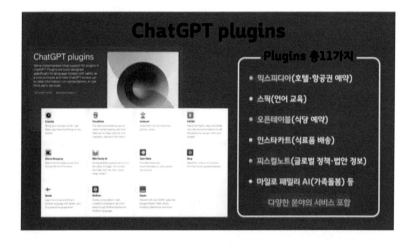

서비스 기업들의 예약, 예매에서도 많은 부분이 활용이 될 것입니다. 또한 쇼핑몰과 같은 상품에 대한 판매에도 OpenAi 의

API를 활용해서 자동으로 상품을 검색해주는 서비스, 개인에 맞춤형 상품 서비스 추천, 파스타를 만들기 위한 재료 주문 및 배송까지 인공지능 AI를 통해 원스톱으로 이루어지는 날이 얼마 남지 않았습니다.

새로운 마켓이 형성이 될 것 입니다. 이 시장에 같이 뛰어들지 않으면 소외되는 기업이 될 것 이며 사용자의 검색 순위에서 점점 멀어지게 될 것 같습니다.

이러한 시대를 같이 살아가는 독자분들은 본인 업무에 어떻게 접목을 시키면 좋을지 단 한번만이라도 생각을 해봤으면 합니다.

챗(Chat)GPT 플러그인을 활용하거나 API를 활용한 사례를 몇가지 소개 드립니다.

챗GPT 개발사 오픈AI가 반한 영어교육앱, 3

머니투데이 | 최태범 기자

2023.03.14 15:40

출처:머니투데이(https://news.mt.co.kr/)

AI가 상황, 맥락, 분위기를 파악해 원어민과 같은 대화를 구사할 수 있으며 사용자가 말하는 모든 문장에 대해 단순한 단어·문법 실수뿐만 아니라 어색한 영어 표현까지 실시간으로 파악해 즉각적인 피드백을 제공해 줍니다.

PDF 파일을 업로드 하여 해당 PDF 파일을 하나도 읽지도 않는 상태에서 관련 내용을 챗(Chat)GPT에게 물어보면 업로드된 PDF의 내용을 분석해서 관련된 대답을 해줍니다. 만약 900페이지짜리 영문 PDF 보고서를 업로드하고 한글로 관련 내용을 물어보면 생산성이 얼마나 향상이 될까요? 업무나 직종마다 다르겠지만 분석가분들에게는 외국에 어려운 논문이 되는 영문 보고서 많은 양의 내용을 분석해야 하는 시간을 매우 많이 단축 할 수 있을 것 같습니다. 물론 회사의 기밀문서를 업로드하면 안 되는 것을 당연하기 때문에 사용하는 것을 금지하고 일반적인 알려진 보고서들을 활용하면 좋을 것 같습니다.

카카오톡 채널에 AskUp(아숙업) 이라는 채널을 친구 추가 하신 다음 사용을 하실 수 있습니다. 챗(Chat)GPT 4버전의 API를 활용한 대화형인공지능 서비스를 제공해 줍니다. 글을 생산할 수도 있고 화면에 보이는 것 처럼 원하는 그림을 이야기 하면 그림을 생산해 낼 수도 있습니다. 하루에 질문이나 그림에 대한 생산은 제한적이지만 충분히 활용을 하기에 좋은 기능이 많이 있습니다.

앞으로도 더 다양하고 많은 챗(Chat)GPT 플러그인을 활용하거나 API를 활용한 사례가 계속 나올 것이며 더 발전된 형태로 제공이 될 것입니다. 지금은 인공지능의 시작 단계, 초기 단계라 표현을 할 수 있을 것 같습니다. 누가 보다 더 빨리 정보를 습득하고 더 빨리 유의미한 생산을 인공지능을 통해 할 것인가? 이 부분이 앞으로 풀어나가야 할 독자의 고민이 될 것 입니다.

제가 최근에 챗(Chat)GPT를 유용하게 잘 사용한 사례를 몇 가지만 소개하고 글을 마무리 하겠습니다.

아이디어뱅크 챗(Chat)GPT

최근 소통 커뮤니티 이름을 공모를 하는 이벤트가 있었습니다. 해당 이벤트를 보자마자 제가 제일 먼저 한 일은 구글(Google) 검색도 네이버(Naver)검색도 아닌 챗(Chat)GPT에게 이벤트 내용을 설명해 주고 있는 자신의 모습을 발견하였습니다. 그리고 관련된 내용으로 "추천 커뮤니티 이름 5개만 만들어서 추천해줘" 라고 물어보는 것이 제일 먼저 제가 한 행동입니다. 예전 같으면 네이버나 구글을 먼저 실행하고 검색을 시현했을 것입니다.

사고의 변화, 행동의 변화가 자연스럽게 이루어 졌습니다.

5개의 추천 이름이 맘에 들지 않자 좀 더 상세하게 조건을 붙여서 챗(Chat)GPT에게 물어 봤습니다.

IT업종, 커뮤니티, 트랜드한 단어 등 조건을 더 붙여서 "다시 5개만 더 뽑아줘!" 라고 챗(Chat)GPT와 대화를 하였습니다.

여기서 느낀 점은 구글(Google) 검색은 일회성 검색이지만 챗(Chat)GPT는 대화형 검색이기 때문에 문장과 문맥과 현재 진행형 검색으로 이전 질문을 인공지능이 학습하고 기억하고 있는 상태에서 답을 해준다는 것 이었습니다. 너무 똑똑한 나만의 친구 한 명이 생긴 것과 같은 느낌이 들었습니다.

무언가 영감이 떠오르지 않을 때, 보고서를 작성해야 하는데 시작이 어려울 때, 좀 더 체계적으로 문단을 만들고 싶을 때, 강력한 이미지를 심어주는 문구 또는 문장, 단어를 만들고 싶을 때 등… 많은 부분에 아이디어를 구해 보세요! 그리고 본인의 경험을 더해 보세요! 지금까지 생각한 내용과는 다르게 더 풍성하고 다양한 내용들로 채워질 것입니다.

분석가 챗(Chat)GPT

기업분석에 대한 이야기입니다. 최근 너무 핫(HOT)한 챗(Chat)GPT의 인사이트를 나누고자 친하고 오래된 친구(**B2B 세탁소 대표)**와 주말 아침부터 스터디를 하였습니다. B2B 교육 영업과 마케팅, 컨설팅을 담당하고 있는 사람으로써 챗(Chat)GPT를 활용하고 싶어 하였습니다. 많은 활용도와 어떻게 하면 실무에 적용을 할 수 있을지 몇 시간을 함께 이야기 하였습니다. 그렇게 무수히 많은 이야기를 하고 질문을 하던 중…

해당 기업에 필요한 정보를 쉽게 알 수 있고 경쟁사를 파악 할 수 있으며 강점이 되는 솔루션을 비교 분석을 해주는 상황이라면 영업을 하는 입장에서 많은 도움이 될 수 있겠다고 생각이 되었습니다.

바로 챗(Chat)GPT에게 물어 봤습니다. 특정 기업에 대한 솔루션과 비교하고 싶은 기업에 대한 솔루션을 분석 비교해줘? 과연 이 어려운 내용을 이해하고 분석할 수 있을까?

특정 기업을 알아야 하고 특정 기업의 솔루션을 이해해야 하고 비교하는 대상 기업 정보와 솔루션 정보까지 알아서 검색하고 비교를 해준다면 많은 마케팅, 영업, 기타 업종에서도 노력과 시간을 투자할 이유가 점점 사라지는 시대가 올 것이라고 생각했습니다.

결과는 정확하게 특정회사와 비교회사의 솔루션의 장점과 단점을 비교 분석을 해서 대답을 해주었습니다. 너무 놀라웠고 대화하는

질문의 방식과 문맥의 흐름 등을 잘 이끌어야 한다는 조건은
붙을지 모르지만 결과로 나온 내용은 매우 만족스러웠습니다.

코딩 전문가 챗(Chat)GPT

최근 데이터 추출에 관련된 내용을 공부하고 있었습니다. 그러던
중 해당 키워드를 바탕으로 SQL 쿼리를 수행하여 결과 값을
엑셀로 도출해 내어야 하는 경우가 발생하였습니다.

처음에는 간단한 내용이라고 생각하고 쿼리를 날려서 데이터를
정리할 생각을 하였습니다. 하지만 키워드가 600개 정도
되었습니다. 그 이야기는 600개의 쿼리를 실행하여야 하고 여러
회사의 동일한 결과를 도출해 내어야 하는 상황 이였습니다. 단순
쿼리실행이 아닌 프로그램 개발을 통해 결과를 도출해내어야 하는
상황 이였습니다. 물론 순순히 코드를 작성해서 데이터를
뽑아내어도 됩니다. 다만 챗(Chat)GPT를 시험해 보고 싶은 생각이
들었습니다.

챗(Chat)GPT에게 대화를 걸었습니다.

"키워드가 배열로 존재하고 배열 개수 만큼 SQL쿼리를 수행해서
결과값을 엑셀로 추출하는 파이썬 코드를 작성해줘"라고
챗(Chat)GPT 에게 요청을 해봤습니다.

단 1초만에 관련된 파이썬 코드를 생성해 주었습니다.

다만 생성된 코드는 활용성이 너무 높은 mysql을 연동한
예시였습니다. 해당 예시를 바탕으로 클라우드에 접목이 된 코드로
변경하는 작업은 스스로 진행하였습니다.

**불과 1분도 채 되지 않아서 제가 원하는 파이썬 코드가 작성이
되었습니다.**

생산성의 차이가 점점 벌어질 것이라는 생각과 함께 사실 잠깐
무서웠습니다. 어느 순간에는 기술의 발전에 의해서 기획을 하면
자동으로 화면을 그려주고 로직을 설명을 하면 해당하는 로직을
프로그래밍 해주고 관련 데이터를 조작하는 작업까지 인공지능이
할 수 있는 영역이 확대가 될 것 같은 생각이 들었습니다.

〈 파이썬 코드를 작성하는 챗(Chat)GPT 〉

주어진 키워드 배열로부터 SQL 쿼리를 생성하고, 해당 쿼리를 실행하여 결과값을 엑셀 파일로 추출하는 파이썬 코드는 다음과 같이 작성할 수 있습니다. 이 예시 코드는 `pandas` 라이브러리와 `sqlite3` 라이브러리를 사용하여 SQLite 데이터베이스에서 데이터를 추출하는 코드입니다. 다른 데이터베이스를 사용하는 경우 해당 데이터베이스에 맞는 라이브러리를 사용하면 됩니다.

```python
import sqlite3
import pandas as pd

# 키워드 배열
keywords = ['apple', 'banana', 'orange']

# SQLite 데이터베이스 연결
conn = sqlite3.connect('example.db')

# 결과값을 저장할 빈 데이터프레임 생성
result_df = pd.DataFrame()

# 커서 생성
cursor = conn.cursor()
```

```python
# 키워드 배열을 반복하면서 SQL 쿼리를 생성하고 실행
for keyword in keywords:
    # SQL 쿼리 작성
    sql = f"SELECT * FROM mytable WHERE column LIKE '%{keyword}%'"
    # 쿼리 수행하여 결과값을 데이터프레임으로 변환하여 result_df에 추가
    result_df = pd.concat([result_df, pd.read_sql_query(sql, conn)])

# 결과값을 엑셀 파일로 추출
result_df.to_excel('result.xlsx', index=False)

# 연결 종료
conn.close()
```

위 코드에서 `keywords`는 주어진 키워드 배열을 의미합니다. 이를 반복문을 사용하여 SQL 쿼리를 생성하고, `pd.read_sql_query()` 함수를 사용하여 해당 쿼리를 실행하여 결과값을 데이터프레임으로 변환합니다. 이후, `pd.concat()` 함수를 사용하여 모든 결과값을 하나의 데이터프레임으로 합칩니다. 마지막으로, `result_df.to_excel()` 함수를 사용하여 결과값을 엑셀 파일로 추출합니다.

챗(Chat)GPT의 계속되는 진화

ChatGPT 발전

| 2022년 11월 30일 ChatGPT 소개 | 2023년 1월 23일 Microsoft 파트너십 확장 | 2023년 2월 1일 ChatGPT 플러스 소개 | 2023년 3월 14일 GPT-4 출시 | 2023년 3월 23일 ChatGPT 플러그인 출시 |

ChatGPT 소개 (2022년 11월 30일)

우리는 대화 방식으로 상호 작용하는 ChatGPT라는 모델을 훈련했습니다. 대화 형식을 통해 ChatGPT는 후속 질문에 답하고, 실수를 인정하고, 잘못된 전제에 이의를 제기하고, 부적절한 요청을 거부할 수 있습니다.

Microsoft 파트너십 확장 (2023년 1월 23일)

OpenAI와 Microsoft가 파트너십을 확장하게 되었음을 발표하게 되어 기쁩니다 .

ChatGPT 플러스 소개 (2023년 2월 1일)

귀하와 채팅하고, 후속 질문에 답하고, 잘못된 가정에 이의를
제기할 수 있는 대화형 AI인 ChatGPT에 대한 파일럿 구독 계획을
시작합니다.

GPT-4 출시 (2023년 3월 14일)

OpenAI의 최신 언어모델인 GPT-4가 출시되었으며, 현재
ChatGPT Plus 가입자만 사용할 수 있다. GPT-4는 OpenAI의 가장
진보된 시스템으로 보다 안전하고 유용한 응답을 제공합니다.

ChatGPT 플러그인 출시 (2023년 3월 23일)

ChatGPT에서 플러그인에 대한 초기 지원을 구현했습니다.
플러그인은 안전을 핵심 원칙으로 하는 언어 모델을 위해 특별히
설계된 도구이며 ChatGPT가 최신 정보에 액세스하거나 계산을
실행하거나 타사 서비스를 사용할 수 있도록 도와줍니다.

**챗(Chat)GPT는 자고 일어나면 하루 하루가 다르게 발전하고
있습니다.** 새로운 것이 출시되고 활용영역이 점차 확대 되고
있습니다.

검색 패러다임의 혁신, 멀티 모달을 활용한 인공지능 AI 문서의 자동화 시대, 다양한 플러그 인들을 활용한 인공지능 추천 식당 자동 예약, 인공지능 여행계획 및 숙소 예약, 비행기 발권 자동화 등 많은 플러그인들이 만들어 질 것이며 생활에 패러다임이 변화가 생길 것입니다.

이제 챗(Chat)GPT를 얼마나 빠르게 사용하고 생활에 적용할 수 있는지? 어떻게 활용할 수 있는지? 끊임없이 고민하고 직접 행동하고 다양한 경험을 해야 합니다.

이와 같이 더 많이 이야기 할 내용들이 계속 계속 정보로 흘러 넘치고 또 넘치고 있습니다.

정보의 홍수 속에 살면서 인공지능과 함께 살아야 하는 세상이 도래하면서

"챗(Chat)GPT를 단 한번도 안 사용하고 지나칠 것인가?"

스스로에게 한번 물어 봤으면 좋겠습니다.

저자도 역시 처음엔 아무 관심도 없었습니다.

막상 귀로 듣는 것과

눈으로 보는 것과

손으로 **행동해 보는 것**의 차이를 지금 이 책을 읽는 독자라면
느껴보셨으면 합니다.

한번은 챗(Chat)GPT 와 대화를 해보기를 적극 권장합니다!

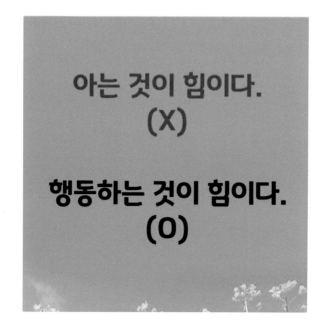

챗(Chat)GPT란

챗(Chat)GPT는 OpenAI에서 개발한 대규모 언어 모델입니다. "GPT"는 "Generative Pre-trained Transformer"의 약자이며, 이 모델은 인공지능이 자연어 이해와 생성에 있어서 탁월한 성능을 발휘합니다. 챗(Chat)GPT는 대규모 텍스트 데이터셋에서 미리 학습된 다음, 특정한 자연어 처리 작업을 수행하기 위해 세부적인 파라미터를 조정하여 fine-tuning 할 수 있습니다. 예를 들어, 챗(Chat)GPT는 질문-답변 시스템, 챗봇, 요약, 자연어 이해 등 다양한 자연어 처리 태스크에서 사용됩니다. 챗(Chat)GPT는 다른 대화형 인공지능과 비교했을 때 더욱 자연스러운 대화를 생성하며, 이를 통해 사용자와의 상호작용을 더욱 원활하게 만들 수 있습니다.

ChatGPT란?

ChatGPT : 대화형 (입력을 대화형으로 자연스럽게, 대화시에 중요한 문맥을 이해해야만 대화가 이어짐)

ChatGPT : Generative 생성하는 만드는 (그림, 동영상, 글...)

ChatGPT : Pre-trained 사전학습한 (무엇을? LLM (거대 언어모델)) 3000억 단어, 5조개의 문서

ChatGPT : Transformer 딥러닝모델 (현재 가장 인기 있는 모델) 다음 단어가 무엇이 올지 확률로 예측

저　자 : 김영환

예　명 : 딩딩선생

하 는 일 : 웹프로그래머, 서버개발자, 회계업무개발자,
모바일프로그래머, 데이터엔지니어, 데이터분석, 금융전문가,
IT개발자, 창조하는 문화 선도자, 애자일 마스터, 협업 전문가,
멘토 멘티 코칭, Cloud 구축 프로젝트 경험 다수, 디지털 채널
프로젝트 경험 다수, 금융권 차세대 프로젝트 경험 다수, 19년차
회사원

하고 싶은일 : 코칭전문가, 코딩전문가, 미래를 준비하는 아이들
코딩선생님 (딩딩선생)

커 리 큘 럼 : 드론코딩, 파이썬코딩, 데이터전문가, 일잘러

사 이 트 : https://dingdingteach.waveon.io (모바일전용)

[이런 분들에게 추천합니다]

1. 챗(Chat)GPT를 처음 접하신 분 (입 문 자)

2. 챗(Chat)GPT를 통해 인사이트를 얻고 싶으신분 (사고력확장)

3. 트랜드에 뒤처지지 않고 싶으신분 (이런 건 알고 가자!)

챗(Chat)GPT 너는 누구냐? 과연 우리 실생활에 어떻게 활용될 수 있을까? 여기까지 생각의 폭을 넓혀야 상위 1% 챗(Chat)GPT 활용 능력자가 될 수 있습니다.

누가 알려주지 않습니다.

SNS, 블로그, 유튜브, 기사 등 많은 곳에서 정보를 찾아보고 습득해야 합니다. 답답하다면 챗(Chat)GPT 에게 직접 물어보세요!

이제 패러다임의 변화가 시작됩니다.

그 해답을 찾는데 조금이나마 도움이 되기를 희망합니다.

한권으로 끝내는 챗(Chat)GPT 인사이트 가이드북

발 행 | 2023년 5월 15일

저 자 | 김영환

펴낸이 | 한건희

펴낸곳 | 주식회사 부크크

출판사등록 | 2014.07.15.(제2014-16호)

주 소 | 서울특별시 금천구 가산디지털1로 119 SK트윈타워 A동 305호

전 화 | 1670-8316

이메일 | info@bookk.co.kr

ISBN | 979-11-410-2825-1

www.bookk.co.kr